"LE FRANÇAIS SANS
Collection dirigée par Christian Baylon
Maître assistant de linguistique à l'université de Montpellier

PHILIPPE DOMINIQUE

MICHÈLE VERDELHAN

ARIELLE STROMBONI

MICHEL VERDELHAN

VOCABULARY
and
EXERCISES

Cle international
79, avenue Denfert-Rochereau 75014 PARIS

Foreword

This supplementary booklet to **"SANS FRONTIERES 1"** has two main functions:

— To help you (the learner) to use the student's book as a tool for self-study.

— To provide a series of additional exercises (other than those found in the Student's Book) adapted specifically for self-study use.

The booklet itself is divided into the following sections:

GENERAL INDEX: Traces the general development of the objectives and functions (thematic, conversational, phonetic, grammatical and lexical) presented in **"SANS FRONTIERES 1"**. The **GENERAL INDEX** will help you (the learner) to follow the progression of the course with maximum ease.

INDEX OF KEY WORDS AND COMMANDS: Consists of featured headings contained in the Student's Book and in this self-study booklet.

The "COMMANDS" are listed in alphabetical order and have incontext "tags" for easy reference. Ie: DONNER... l'heure ; des rendez-vous ; votre avis ; etc.

GRAMMATICAL INDEX: An alphabetical listing of all grammatical terms and their functions as presented in **"SANS FRONTIERES 1"**.

References to the lessons and sections in which these terms appear are indicated in brackets. Ie: PASSE COMPOSE (3.3; Bilan 3).

VOCABULARY LISTING: A lesson by lesson listing of all vocabulary items introduced in **"SANS FRONTIERES 1"**.

Active or essential vocabulary is indicated by the symbol _____ .

Passive or optional vocabulary is indicated by the symbol _____ .

To find the exact meaning of a word in a given context, simply refer back to the lesson in which that word appears or consult the glossary at the end of the Student's Book.

An added feature of the **"SANS FRONTIERES 1"** Self-Study Booklet is the **SUPPLEMENTARY EXERCISES SECTION.**

All the exercises in this section are arranged in the same lesson sequence to be found in the Student's Book and reinforce the various teaching points already presented. **NO NEW LEXICAL OR GRAMMATICAL TERMS** are introduced in the supplementary exercises.

An answer key to these exercises appears at the end of this booklet.

Aubin Imprimeur
LIGUGÉ, POITIERS

Achevé d'imprimer en mai — Imprimerie Aubin, 86240 Ligugé — L 2447⁹
CL 42890 II (N.O.VII) C — Dépôt légal, mai 1987

General progression

UNIT I « Jacques Martineau, Pianist »
Principal objective of communication making contact, introducing oneself
Theme : a young pianist (Jacques Martineau) and a journalist in Paris
(making contact, introducing oneself, interview)

UNIT II « Living and working at Evry »
Principal objective of communication: asking for an object and asking for information
about an object and a person
Theme: the daily life of a secretary in Evry (a new town in the Paris suburbs)

UNIT III « Holidays in Brittany »
Principal objective of communication: Asking to do something, asking for help, asking a
favor
Theme: Four young Swiss in Brittany

UNIT IV « The Pelliciers are moving »
Principal objective of communication: Describing locations
Theme: A Parisian family settles in Montpellier (in the "midi" of France)

PLEASE NOTE

The page numbers indicated in brackets in the workbook refer to the international edition, which is
entirely in French. Where the French text faces the English translation, the pages are indicated as
follows: (10)/(10bis).

Contents

UNIT 1 (lessons 1-5)

NUMBER AND TITLE OF LESSON	COMMUNICATION OBJECTIVES	PHONETICS	VOCABULARY/ THEMES	GRAMMAR
I – 1 *Jacques Martineau Pianist*	– *Introducing oneself*	[a]	– The professions – The numbers	– Masculine and feminine adjectives – Present indicative verbs (First and third persons)
I – 2 *Bonjour, Monsieur Martineau (Hello, M. Martineau)*	– *Greeting someone* – *Responding to a greeting* – *Leaving or excusing oneself* – *The time (hour)*	[wa]	– Place (in, in front of) – The street – The time – Greetings	– **le, la, l'/, au, à la, à l'** – Masculine and feminine nouns and coordination with adjectives
I – 3 *Le rendez-vous (Making an appointment)*	– *Contacting someone by telephone* – *Inviting to do, something* – *Suggesting to do, making an appointment* – *Asking for further information (to spell sone's name)* – *Time duration*	[i]	– The days – Parts of the day (morning, afternoon, evening) – Activities of the day – Place (at, to)	– Present indicative verbs (First, second third persons) – Negation – Interrogation – Verb plus verb (in the infinitive)
I – 4 *L'Interview (The interview)*	– *Expressing one's tastes and preferences* – *Asking to do (I can) something* – *Confirming (of course)* – *Offering something to somebody* – *Accepting (gladly)* – *Refusing (no thank you)* – *Describing one's activities (spare-time activities)*	[u]	– Feelings (verbs) – Activities (continued) – Degrees (a little, a lot) – Holiday spots	– Indefinite articles **(un, une)** – Direct object – Questions/interrogative (intonation, inversion) – **Qu'est-ce que...?** – Conjugation (to do, to want, to sleep)
I – 5 *La répétition (The rehearsal)*	– *Describing someone (physically, psychologically)* – *Expressing one's dissatisfaction* – *Describing an event*	Liaisons (1)	– Physical and psychological description – Music (instruments and musicians)	– Present indicative verbs, third person singular and plural – **le, la, les/, un, une, des/, au, à la, à l', aux** – Qualifying adjectives (gender and number, attributive and predicate adjectives) – Presentation locutions – Noun complement
Review 1	B Pictures for... (civilization)	– The Latin Quarter in Paris – Music	C Reminder	– The numbers – The alphabet – The calendar (month, year)

UNITÉ 1 (leçons 1 à 5)

N° ET TITRE DES LEÇONS	OBJECTIFS DE COMMUNICATION	PHONÉTIQUE	VOCABULAIRE/THÈMES	GRAMMAIRE
I – 1 *Jacques Martineau pianiste*	– *se présenter*	[a]	— les noms de profession — les nombres	– adjectif masc./fém. – verbes indic. présent (1re et 3e personne)
I – 2 *Bonjour, monsieur Martineau*	– *saluer quelqu'un ou répondre à un salut* – prendre congé – se situer dans le temps (heure)	[wa]	— le lieu (dans, devant) — la rue — l'heure, les salutations	– le, la, l'/au, à la, à l' – masculin/féminin des noms – coordination (et)
I – 3 *Le rendez-vous*	– *contacter quelqu'un au téléphone* – inviter à faire, suggérer de faire (se donner rendez-vous) – demander un complément d'information (épeler son nom) – se situer dans le temps (durée)	[i]	— les jours — les moments de la journée — les activités de la journée — le lieu (au, chez...)	– verbes indicatif présent 1re, 2e et 3e personne – négation (ne pas) – interrogation (est-ce que ?) – verbe + verbe (à l'infinitif)
I – 4 *L'interview*	– *exprimer ses goûts, ses préférences* – demander de faire (je peux) – confirmer (bien sûr) – offrir quelque chose à quelqu'un – accepter (volontiers) – refuser (non merci) – décrire ses activités (les loisirs)	[u]	— les sentiments (verbes) — les activités (suite) — les degrés — lieux (de vacances)	– les articles indéfinis (un, une) – le nom complément d'objet direct – l'interrogation (intonation, inversion) – qu'est-ce que... ? – quel/quelle ? – conjugaison (faire vouloir - dormir)
I – 5 *La répétition*	– *caractériser quelqu'un* (physiquement/psychologiquement) – exprimer son mécontentement – décrire un événement	liaisons (1)	– description physique/ psychologique – musique (instruments et musiciens)	– verbes : indic. prés. 3e pers. singulier et pluriel – le, la, les/un, une, des/ au, à la, aux – adjectif qualificatif (genre et nombre, épithète et attribut) – les présentatifs – le complément de nom
Bilan 1	B Images pour... (civilisation)	– le quartier latin à Paris – la musique	C Aide-mémoire	– les nombres – l'alphabet – le calendrier (mois, année)

UNIT 2 (lessons 6-10)

NUMBER AND TITLE OF LESSON	COMMUNICATION OBJECTIVES	PHONETICS	VOCABULARY/ THEMES	GRAMMAR
II – 1 *Vivre et travailler à Evry* (Living and working in Evry)	– *Indentifying a person* – *Identifying* (an object) – *Locating in space: a person* (over there); an activity (I have lunch in, near) an object – *Inviting people* (II)	Opposition [o] / [ɔ]	– Office equipment – Position (behind, on, under, beside) – Meals	– Interrogative (What is it? Who is it? It's, they are) – Interrogative pronouns Who? What? – Feminine form of adjectives (exceptions: **beau, bel, belle**)
II – 2 *Au restaurant* (At the restaurant)	– *Asking for/offering a product* or a service – *Accepting/Refusing* – Inviting and responding to an invitation – Introducing oneself	Opposition [i] / [e]	– The meals, food – Drinks – Civil status	– Partitive : **du, de la, des** – **On = nous** (we) – Personal pronoun, indirect object – Conjugation (to take, to live)
II – 3 *Chez le boucher* (At the butcher's)	– *Asking for a product and for information about a product* (type of product, price, weight) – *Asking or suggesting to do something* (to go with, to buy, to pay...) – Accepting or refusing to do something (yes, good idea, O.K.)	Opposition [e] / [ɛ]	– Money, means of payment – Names of shops, shopkeepers, and articles – Buying and selling	– Still, no longer – At = **à, au, chez** – Interrogation : How much? (price, weight) – Conjugation (to sell, to buy, to pay)
II – 4 *Il faut ranger le salon* (We have to tidy up the living room)	– *Expressing possession, ownership* – *Expressing obligation* (it is necessary...) – Introducing (the family, acquaintances)	Liaisons (2)	– Clothing – Materials – The family – Meaning of « être » (to be)	– Demonstrative adjectives – Possessive adjectives – Personal pronouns, indirect objects – Interrogation about possession (**à qui ?**) – Obligation (**il faut**)
II – 5 *L'apéritif* (The cocktail)	– *Introducing one's family* – *Asking someone else about his family, his activities, his tastes* – Asking an opinion about someone or something – Appreciating	[ã]	– The family – Drinks – Meanings of « faire » (to do), « marcher » (to walk, to work)	– Plural possessives – Plural pronouns, indirect objects – Conjugation (to understand)
Review 2	B Pictures for... (civilization)	– the new town of Evry – modern architecture	C Reminder	– spelling: plurals with "x" – units of measurement

UNITÉ 2 (leçons 6 à 10)

Nº ET TITRE DES LEÇONS	OBJECTIFS DE COMMUNICATION	PHONÉTIQUE	VOCABULAIRE/THÈMES	GRAMMAIRE
II – 1 *Vivre et travailler à Évry*	– *demander l'identité* (d'une personne) – *identifier* (une personne, un objet) – situer dans l'espace une personne (là-bas), une activité (je déjeune dans... près de...), un objet – inviter à (II) (vous voulez venir ?)	opposition [o] / [ɔ]	– le matériel de bureau – le lieu (derrière, sur, sous, à côté de...) – les repas	– interrogation (Qu'est-ce que c'est ? Qui est-ce ? Est-ce que c'est ? C'est, ce sont...) – pronoms interrogatifs : Qui ? Que ? – féminin des adjectifs (exceptions : beau, bel, belle)
II – 2 *Au restaurant*	– *demander/proposer un produit* – *accepter/refuser* – inviter et répondre à une invitation – se présenter (« socialement »)	opposition [i] / [e]	– les repas, la nourriture – les boissons – état civil	– partitif : du, de la, des – on = nous – pronom personnel complément indirect – conjugaison (prendre - vivre)
II – 3 *Chez le boucher*	– *demander un produit et des informations sur un produit* (type de produit, prix, poids) – demander/suggérer de faire (aller avec, acheter, payer...) – accepter/refuser de faire (oui, bonne idée, d'accord, une seconde)	opposition [e] / [ɛ]	– l'argent, les moyens de paiement – noms de commerces, commerçants et articles – l'achat et la vente	– encore, ne plus – à, au, chez – interrogation : combien ? (prix/poids) – conjugaison (vendre, acheter, payer)
II – 4 *Il faut ranger le salon*	– *exprimer la possession, l'appartenance* – exprimer l'obligation (il faut...) – présenter (la famille, les relations)	liaisons (2)	– les vêtements – les matériaux – la famille – sens de « être »	– adjectifs démonstratifs – possessifs – pronoms personnels compléments ind. – interrogation sur l'appartenance (A qui ?) – l'obligation : (il faut)
II – 5 *L'apéritif*	– *présenter sa famille* – *interroger autrui sur sa famille, ses activités, ses goûts* – demander une opinion sur quelqu'un/sur quelque chose – apprécier/exprimer sa satisfaction	[ã]	– la famille – les boissons – sens de « faire » et « marcher »	– possessifs (pluriels) – pronoms compléments d'objet indirect pluriels – conjugaison : « comprendre »
Bilan 2	B Images pour... (civilisation)	– la ville nouvelle d'Évry – l'architecture moderne des villes nouvelles	C Aide-mémoire	– orthographe : les pluriels en X – unités de mesure (poids, longueur, volume, temps)

UNIT 3 (lessons 11-16)

NUMBER AND TITLE OF LESSON	COMMUNICATION OBJECTIVES	PHONETICS	VOCABULARY/ THEMES	GRAMMAR
III – 1 *Vacances en Bretagne* (Holidays in Brittany)	– *Asking for information, permission* – *forbidding, giving permission* – Locating (near, far, where, from where...) – Thanking, excusing oneself – Asking about length of time	Opposition [ø] / [œ]	– Camping – Authorizations and prohibitions – Polite phrases (to thank, to excuse oneself, to greet)	– Personal pronouns, indirect objects – Emphatic personal pronoun – Meaning of « demander », (to ask for) – Interrogation about place (from where? where?)
III – 2 *Suivez le guide* (Follow the guide)	– *Advising, suggesting, ordering, inviting* – Expressing a need, a wish, a willingess	Opposition [ã] / [ẽ]	– The car, breakdowns – The guide (the shopkeepers) – Requests and orders	– Imperatives – « en » and « y » (adverbs of place and pronouns)
III – 3 *Fête à Roscoff* (Festival in Roscoff)	– *Asking for/giving an explanation* – Reporting a fact in the past (describe a past activity) – Fixing a place for an appointment – Describing a person (physically and psychologically)	[y]	– The show – Ordinal numbers – Dates – The prefix "re"	– The perfect (with « avoir » and « être ») – Imperative (continued) – The past participle
III – 4 « *Dans les pommes* » "Feeling faint!"	– *Asking for help or medical assistance* – Expressing pain – Asking someone about his/her health, his/her condition – Advising, warning – Asking to be excused	Opposition [ã] / [õ]	– The body – Sickness, accident – Security – The quantity, degree (adverbs)	– Imperative and emphatic pronouns – Perfect of pronominal verbs – Negative interrogation (non, si)
III – 5 *Au revoir* (Good-bye)	– *Asking for/giving an explanation (2)* – Situating in time (project in the immediate future) – Wishing someone something, thanking – Taking one's leave	Liaisons (3)	– Dishware – The kitchen – Physical condition – Wishes – Requests for explanations	– Present continuous, recent past, immediate future (aspects of the verb) – Personal pronoun, direct object – Constructions of « venir », (to come)
Review 3	C Pictures for... (civilization)	– Roscoff, Brittany – Breton festivals – The Breton language	D Reminder	– Personal pronouns – Past participles – Ordinal numbers – Holidays of the year

UNITÉ 3 (leçons 11 à 16)

N° ET TITRE DES LEÇONS	OBJECTIFS DE COMMUNICATION	PHONÉTIQUE	VOCABULAIRE/THÈMES	GRAMMAIRE
III – 1 *Vacances en Bretagne*	– *demander un renseignement, une autorisation* – *interdire/autoriser* – localiser (près, loin, où, d'où...) – remercier, s'excuser – s'informer sur la durée	opposition [ø] / [œ]	– le camping – autorisations et interdictions – formules de politesse (remercier, s'excuser, saluer)	– pronoms personnels compléments indirects – pronom d'insistance – sens de « demander » – l'interrogation sur le lieu (d'où ?, où ?...)
III – 2 *Suivez le guide*	– *conseiller, suggérer, ordonner, inviter* – exprimer un besoin, un souhait, une volonté	opposition [ã] / [ɛ̃]	– l'automobile, les pannes – le guide – demandes et ordres	– les impératifs – « en » et « y » (adverbes de lieu et pronoms)
III – 3 *Fête à Roscoff*	– *demander/donner une explication* – rapporter un fait, situer dans le passé (décrire une activité passée) – fixer un lieu de rendez-vous – décrire une personne (physiquement, psychologiquement)	[y]	– le spectacle – les nombres ordinaux – le temps (date) – le préfixe « -re »	– le passé composé (avec avoir et être) – l'impératif (suite) – le participe passé
III – 4 « *Dans les pommes* »	– *demander une aide, un secours* – exprimer une douleur, une souffrance – interroger quelqu'un sur sa santé, son état – conseiller, mettre en garde – demander pardon	opposition [ã] / [õ]	– le corps – la maladie, l'accident – la sécurité – la quantité, le degré (adverbes)	– impératif et pronom tonique – passé composé des verbes pronominaux – l'interrogation négative (non et si)
III – 5 *Au revoir*	– *demander/donner une explication (2)* – situer dans le temps (projet proche) – présenter des souhaits, remercier – prendre congé	liaisons (3)	– la vaisselle – la cuisine – l'état physique – les souhaits – les demandes d'explication	– présent continu, passé récent, futur proche (aspects du verbe) – le pronom personnel complément direct – constructions de « venir »
Bilan 3	C Images pour... (civilisation)	– Roscoff en Bretagne – les fêtes bretonnes – la langue bretonne	D Aide-mémoire	– les pronoms personnels – les participes passés – les adjectifs numéraux ordinaux – les fêtes de l'année

UNIT 4 (lessons 16-20)

NUMBER AND TITLE OF LESSON	COMMUNICATION OBJECTIVES	PHONETICS	VOCABULARY/ THEMES	GRAMMAR
IV – 1 *Les Pellicier déménagent* (The Pelliciers are moving)	– *Locating in space geographically* – Defining a project – Expressing disagreement – Expressing a need, a necessity	Opposition [ʃ] / [ʒ]	– Work and professional life – Studies – Means of transportation, trips – Orientation – The date	– The future tense – To have to, to be necessary to, in order to – Why? **(Pourquoi ?)** (the cause, the objective)
IV – 2 *Vivre à Montpellier* (Living in Montpellier)	– *Locating in space geographically* (continued) – *Describing, forecasting the weather* – Giving one's opinion about a place – Agreeing – Expressing disagreement (2)	Opposition [s] / [z]	– The weather – The seasons – Positions in space – Giving one's opinion	– who, relative pronoun – all, quantitative adjective – the future tense (continued) « pouvoir » (to be able to) and « voir », (to see) – someone/no one something/nothing
IV – 3 *A la recherche d'une villa* (Looking for a house)	– *Asking for, indicating the way* – Describing the accomodation – Expressing one's satisfaction, one's pleasure, one's dissatisfaction	Opposition [f] / [v]	– Housing, the house – To sell, to buy, to rent – Directions	– That, relative pronoun, direct object – Adverbs in **"ment"** – **C'est... qui/c'est... que**
IV – 4 *L'installation* (Settling in)	– *Expressing comparison* – Expressing disagreement (3) – Contradicting	Opposition [p] / [b]	– Furniture – The removal – Opposites (dimensions, space) – **Commencer** = to start **continuer** = to continue **finir** = to finish	– The comparative – Possessive pronouns
IV – 5 *Le Méchoui* (A barbecue Party)	– *Expressing intention, wish, preference* – Appreciating – Describing an itinerary – Introducing someone, introducing oneself	Opposition [t] / [d]	– The table – Home parties – Outings – Time expressions (adverbs) – Expression of quality (adverbs)	– The superlative – Where (relative adverb)
Review 4	C Pictures for... (civilization)	– The town of Montpellier	D Conjugations	Present, future, perfect, imperative...

UNITÉ 4 (leçons 16 à 20)

N° ET TITRE DES LEÇONS	OBJECTIFS DE COMMUNICATIONS	PHONÉTIQUE	VOCABULAIRE/THÈMES	GRAMMAIRE
IV – 1 *Les Pellicier déménagent*	– *localiser dans l'espace* – *situation géographique* – définir un projet (à moyen terme) – exprimer son désaccord – exprimer un besoin, une nécessité	opposition [ʃ] / [ʒ]	– le travail, la vie professionnelle – les études – les moyens de locomotion, les voyages – l'orientation – la date	– le futur – avoir à, falloir pour – pourquoi ? (la cause, le but)
IV – 2 *Vivre à Montpellier*	– *situer géographiquement* (suite) – *décrire, prévoir le temps* (météo) – donner·une appréciation, un avis sur un lieu, un espace – donner son accord – exprimer son désaccord (2)	opposition [s] / [z]	– le temps (météo) – les saisons – localisations – donner son avis	– qui - relatif sujet – tout - adjectif indéfini – le futur (suite) : pouvoir et voir – quelqu'un/personne, quelque chose/rien
IV – 3 *A la recherche d'une villa*	– *demander, indiquer un chemin* – décrire le logement – exprimer sa satisfaction, son plaisir, son mécontentement	opposition [f] / [v]	– le logement, la maison – vendre, acheter, louer – les itinéraires	– que - relatif, complément d'objet direct – les adverbes en -ment – c'est... qui / c'est... que
IV – 4 *L'installation*	– *exprimer la comparaison* – exprimer son désaccord (3) – contredire	opposition [p] / [b]	– le mobilier – le déménagement – les contraires (dimensions, espace) – commencer, continuer, finir	– les comparatifs – les pronoms possessifs
IV – 5 *Le méchoui*	– *exprimer l'intention, le souhait, la préférence* – apprécier – décrire un itinéraire – présenter quelqu'un, se présenter	opposition [t] / [d]	– la table – les réceptions – les « sorties » – expression du temps (adverbes) – expression de la qualité (adverbes)	– les superlatifs – où (relatif)
Bilan 4	C Images pour... (civilisation)	– La ville de Montpellier	D Conjugaisons	– (Présent, futur, passé composé, impératif...)

Index des consignes

A

ACCEPTEZ	ACCEPT
Accord	agreement
ACCORDEZ	MAKE AN AGREEMENT
AIDEZ...	HELP
... votre voisin / le / la / à faire les courses...	your neighbour / to do the shopping
Aidant (en vous aidant) d'un dictionnaire	using a dictionary
Aide-mémoire	reminder (literally, memory-help)
AJOUTEZ	ADD
ALLEZ faire les courses	GO and do the shopping
ANALYSEZ...	ANALYSE
... un document / le bulletin scolaire...	a document / the report card / school-report
Animateur (l') présente les concurrents	the emcee introduces the contestants
Annonce (de mariage)	announcement of marriage
APPORTEZ...	BRING
... un cadeau	a gift
APPRENEZ	LEARN
Attention !	Be careful!

C

CHERCHEZ...	LOOK FOR
... le meilleur itinéraire	the best itinerary
CHOISISSEZ...	CHOOSE
... la bonne réponse / au hasard / votre menu...	the correct answer / at random / your meal
CLASSEZ	CLASSIFY
Comme dans le modèle	as in the model
COMMENTEZ ce tableau	COMMENT on this table
COMPAREZ...	COMPARE
... l'âge / la taille / le poids / les résultats / les personnages...	age / height / weight / results / characters
COMPLÉTEZ...	COMPLETE
... les questions / les phrases suivantes / la fiche / le « script-board » / en mettant « bien » ou « bon » / en faisant l'accord / en mettant le verbe à la forme qui convient / avec l'adjectif qui convient / avec un article / un verbe...	the questions / the following sentences / the form / the script board / putting in "well" or "good" / making the agreement / putting the verb in the appropriate form / with the appropriate adjective / with an article, a verb
CONSEILLEZ votre voisin(e)	ADVISE your neighbour
CONTINUEZ	CONTINUE
CORRIGEZ les erreurs	CORRECT the errors

D

DÉCRIVEZ...	DESCRIBE
... les photos / les dessins / le « collage » / votre voisin(e) / vous / les personnages / un plat de votre pays / le climat...	the photos / the drawings / the collage / your neighbour / yourself / the characters / a dish from your country / the climate
DEMANDEZ...	ASK
... à votre voisin / l'heure / un renseignement / un article / un prix...	your neighbour for / the time / information / an article, a price
DÉFINISSEZ les mots suivants	DEFINE the following words
DEVINEZ	GUESS
DIALOGUEZ	CONVERSE
Dictionnaire	Dictionary
DITES...	TELL or SAY
... ce que vous (n')aimez (pas) / vos goûts / vos préférences / le contraire	what you (don't) like / your tastes, your preferences / the opposite
DONNEZ...	GIVE
... l'heure / des noms à chaque personnage / le règlement correspondant aux panneaux / des rendez-vous / votre avis...	the time / names to each character / the rule corresponding to the signs / appointments / your opinion

Index of key words and commands

---------------------------------- E ----------------------------------

ÉCOUTEZ

ÉCRIVEZ...

   ... le contraire / l'heure selon le modèle / au futur les verbes entre parenthèses / les nombres en lettres / une publicité / une recette / le verbe à la forme qui convient / par écrit

EMPLOYEZ

Emploi de

En employant

ÉPELEZ

ESSAYEZ de noter

Est-ce que ?...

ÉTUDIEZ

EXEMPLE (suivant l'..., comme dans l'...)

Explication

EXPLIQUEZ

Extrait

LISTEN

WRITE

   the opposite / the time according to the model / the verbs in brackets in the future tense / the numbers in words / an advertisement, a recipe / the verb in the appropriate form / in writing

EMPLOY, USE

Use of

Employing, using

SPELL

TRY to note

Formation of the interrogative

STUDY

EXAMPLE (following the example / as in the example)

Explanation

EXPLAIN

Excerpt

---------------------------------- F ----------------------------------

FAITES...

   ... -les parler / parler les personnages / des phrases en commençant par... / un « mot » / une lettre / une phrase selon le modèle / un bulletin météo / une affiche / un résumé / un dessin / l'accord / le guide / votre liste de courses...

FIXEZ...

   ... un rendez-vous / une date

MAKE

   them talk / the characters talk / some sentences starting with / a word / a letter / a sentence according to the model / a weather bulleti / a poster / a summary / a drawing / an agreement / act as guide / your shopping list

MAKE OR FIX

   an appointment, a date

---------------------------------- I ----------------------------------

Images pour

IMAGINEZ...

   ... le dialogue / la situation / les liens de parenté...

INDIQUEZ...

   ... précisément le chemin / un emplacement / un itinéraire...

Inspirer de (s')

INTERROGEZ...

   ... votre voisin(e) / sur ses goûts / le / sans être indiscret !...

INVITEZ...

   ... votre voisin(e) / à dîner / à venir à un concert / à prendre un « verre » / à goûter un plat de votre pays...

Pictures for

IMAGINE

   the dialogue / the situation / the family relationships

INDICATE

   the exact route / a location / an itinerary...

Imitating

ASK

   your neighbour about his tastes / him, without being indiscreet

INVITE

   your neighbour / to dinner / to come to a concert / for a drink / to try a dish from your country

---------------------------------- J ----------------------------------

JEU...

   ... de rôle / de mime / du portrait / du téléphone / du chef...

JOUEZ la scène

GAMES...

   role play / mime game / portrait game / telephone game / play the boss

ACT out the scene

---------------------------------- L ----------------------------------

LAISSEZ vos instructions

Liaisons

LISEZ

Lit (il) la notice

LEAVE your instructions

Liaisons

READ

He is reading the instructions

MARQUEZ les liaisons

MARK the liaisons

METTEZ...

    ... l'adjectif à sa place / en ordre / le verbe / l'adjectif / à la forme qui convient / au pluriel / au singulier...

PUT

    the adjective in its place / in order / the verb, the adjective / in the appropriate form / in the plural, in the singular

Mime

Mime

MIMEZ des professions

MIME the professions

Mimique

Mimicry

Modèle (suivant le..., comme dans le...)

Model (following the model / as in the model)

Mot

Word

Mot « mystérieux »

"Mystery" word

NOTEZ...

    ...Les réponses / les différences / les syllabes...

NOTE

    the answers, the differences / the syllabes

Notice

Instruction for use

Oralement

Orally

ORGANISEZ un concours (de poésie, de dessin...)

ORGANIZE a contest (poetry, drawing)

Orthographe

Spelling

Parasite

Parasite (sponger)

Parenthèse

Parenthesis, brackets

PARLEZ de vous, de vos projets

SPEAK about yourself, your plans

PASSEZ votre commande

GIVE your order

Phrase

Sentence

POSEZ...

    ... des questions / la question qui porte sur les mots soulignés / sur le groupe souligné / qui donnent les réponses suivantes...

ASK

    questions / the question reffering to the underlined words / the underlined phrase / corresponding to the following answers

PRENEZ un dictionnaire, une carte

TAKE a dictionary, a map

PRÉSENTEZ...

    ... -vous, / les / votre voisin(e) / votre pays / votre entreprise / votre famille...

INTRODUCE

    yourself, them / your neighbour, your country / your company, your family

Prononciation

Pronunciation

Publicité

Publicity

Que dit le personnage ?

What is this person saying?

Quel [à] conseil de prudence peuvent correspondre ces panneaux ?

What safety advice might these signs correspond to?

Quel [à] ordre correspondent ces signaux ?

What command do these signals correspond to?

Quels sont les noms / les adjectifs qui peuvent convenir ?

Which nouns or adjectives fit?

Qu'est-ce que c'est ?

What is it?

Qu'est-ce que vous aimez ?

What do you like?

Qu'est-ce qu'ils disent ?

What are they saying?

Qu'est-ce qu'il fait ?

What is he doing?

Qu'est-ce qu'il prend ?

What is he having?

Question

Question

Qui dit quoi ?

Who is saying what?

Qui est-ce ?

Who is it?

Qui [à] est-ce ?

Whom does it belong to?

Quoi ?

What?

RACONTEZ...

    ... une journée / un accident...

TELL ABOUT / RECOUNT

    the day's events / an accident

RAYEZ...

    ... les lettres qui ne se prononcent pas / les erreurs...

CROSS OUT

    the letters that are not pronounced / the errors

RÉCITEZ	RECITE
RECONNAISSEZ	RECOGNIZE / IDENTIFY
RECOPIEZ	COPY OUT / RECOPY
RÉÉCRIVEZ	REWRITE
REGARDEZ...	LOOK AT
... la bande dessinée / le dessin / la photo / l'agenda / l'emploi du temps / les documents ci-dessus / les programmes / les panneaux / la carte / le plan de métro...	the cartoon, the comic strip / the drawing / the photo / the agenda / the schedule / the above documents / the programs, programmes / the signs / the map / the map of the underground
RELEVEZ un mot, une liaison	PICK OUT a word, a liaison
RELIEZ	LINK
RELISEZ le texte	REREAD the text
REMETTEZ dans l'ordre	PUT BACK in order
REMPLACEZ les mots, les noms soulignés	REPLACE the words, the underlined nouns
REMPLISSEZ selon le modèle	FILL IN according to the model
Rendez-vous	Appointment
RÉPÉTEZ	REPEAT
RÉPONDEZ...	ANSWER
... aux questions / par écrit / par oui ou non / par vrai ou faux...	the questions / in writing / yes or no / true or false
Réponse, plusieurs réponses sont possibles	Answer, several answers are possible
Résumé	Summary
RÉSUMEZ	SUMMARIZE

S

SALUEZ votre voisin(e)	GREET your neighbour
Selon le modèle	According to the model
Sens	Meaning
SERVEZ-VOUS d'un dictionnaire	USE a dictionary
SITUEZ...	LOCATE
... votre pays / votre ville / par rapport à...	your country / your city / in relation to
SOULIGNEZ	UNDERLINE
SUGGÉREZ	SUGGEST
Suite	Continuation
Suivant le modèle	Following the model
Sur ces modèles	Following these models
Syllabe	Syllable

T

Tableau	Table; chart
Témoin	Witness
TERMINEZ les phrases	COMPLETE the sentences
Texte complémentaire	Complementary text
TRADUISEZ ses mimiques	TRANSLATE his sign language
TRANSFORMEZ en vous aidant du tableau	TRANSFORM by using the table
TROMPER (se)	TO MAKE A MISTAKE
TROUVEZ...	FIND
... la bonne réponse / les questions / les phrases / les pronoms qui manquent / le pays / la ville / le lieu...	the correct answer / the questions / the sentences / the missing pronouns / the country / the city / the place

U

UTILISEZ, en utilisant	USE, using

V

VÉRIFIEZ les affirmations suivantes	Check the following statements
Victime	Victim
Voisin, voisine	Neighbour
VOLEZ un objet	STEAL an object
Voleur / au voleur !	Thief / stop thief!

Vocabulaire grammatical

accord (1.5, etc.)	**agreement**	un **grand** jardin, une **grande** maison, les **grandes** vacances
adjectif qualificatif épithète (1.5 ; 2.1) attribut (1.5 ; 2.1)	**qualifying adjective** attributive predicative	un **bon** film la fleur est **belle**
adjectif démonstratif (2.4) indéfini (4.2) possessif (2.4 ; 2.5)	**adjective** demonstrative indefinite possessive	**ce** livre, **cet** arbre, **cette** ville **tout, toute, tous, toutes** **mon** livre, **ma** bicyclette, **mes** chaussures
adverbe (4.3 ; 4.5)	**adverb**	facilement, bien
alphabet (Bilan 1)	**alphabet**	a, b, c, d...
appartenance (2.4 ; 2.5)	**possession**	ce livre est **à moi**
auxiliaires (verbes) (1.3 ; Bilan 1)	**auxiliary** verbs	avoir, être
article défini (1.1 ; 1.2 ; 1.5) indéfini (1.4 ; 1.5) partitif (2.2)	**article** definite indefinite partitive	**le** parc, **la** table, **les** journaux **un** parc, **une** table, **des** journaux j'achète **du** pain et **de la** bière
comparatif (4.4) de supériorité d'infériorité d'égalité	**comparative** of superiority of inferiority of equality	cette robe est... **plus** belle **que**/ **moins** belle **que**/ **aussi** belle **que**... l'autre
complément du nom (1.5) complément d'objet direct (1.4) complément d'objet indirect (1.2)	**noun complement** direct object indirect object	les œuvres **de Mozart** il veut **un café** il dit bonjour **au concierge**
conjugaison (Bilan 1, 2, 3, 4)	**conjugation**	**je** lis, **tu** lis, etc.
consonne (2.2)	**consonant**	b, c, d, f, etc.
constructions	**structures**	verbe + nom, verbe + verbe...
coordination (1.2)	**conjunction**	les enfants **et** les parents
démonstratifs (cf. adjectifs)	**demonstratives** (see adjective)	
épithète (cf. adjectif)	**attributive** (see adjective)	
exceptions	**exceptions**	
féminin (1.1, 1.2)	**feminine**	**la** fille, **la** table
formation	**formation** of adverbs	
futur (4.1, 4.2) futur proche (3.5)	**future** the "going to" form	je **regarderai** je **vais regarder**
genre (1.1)	**gender**	**le** livre *m*, **la** chaise *f*
indéfini (cf. adjectif, article, pronom)	**indefinite** (adjective, article, pr.)	

Index of Grammatical Terms

indicatif (Bilan 1)	indicative	
infinitif (1.3)	infinitive	prend**re**, mont**er**, part**ir**...
insister sur... (4.2 ; 4.3)	emphatic structures	**c'est** le livre **que** j'ai cherché **c'est**... **qui**...
interrogation (1.3 ; 1.4) sur le lieu (3.1) sur l'appartenance (2.4)	interrogation about place about the possessor	**est-ce qu**'il vient **?**/il vient **?**/vient-**il ?** **où**... ? **à qui**... ?
intonation (1.4)	intonation	vous voulez une cigarette **?**
invariable	invariable	
inversion (1.4)	inversion	voulez-**vous** une cigarette ?
impératif (3.2 ; 3.3 ; 3.4)	imperative	viens ! écoutez !
liaison	liaison	mes‿amis
masculin	masculine	**le** livre, **un** homme
négation (1.3 ; 2.2 ; 3.2 ; 3.3)	negation	il **ne** vient **pas**
nom (1.5)	noun	la ville
nombre (Bilan 1)	number	1, 2, 3, 4...
objet	object	
obligation	obligation	il faut
orthographe	spelling	
passé composé (3.3 ; Bilan 4)	perfect	**j'ai** dit, **je suis** parti
passé récent (3.5)	recent past	**je viens de** manger
participe passé (3.3 ; Bilan 3)	past participle	fait, mangé
partitif (cf. article)	partitive	
personne première deuxième troisième	person first second third	 **je** mange **tu** manges **il/elle** mange
pluriel (1.5)	plural	**les** livres
possessifs (cf. adjectifs, pronoms)	**possessives** (sec adjectives, pronouns)	
présent (Bilan 1) **présent continu** (3.5)	**present** **present progressive**	je danse je suis **en train de** lire
préposition	preposition	**chez** le boucher
présentatifs	introduction phrases	**voici/voilà, c'est**...

pronom	pronoun	
indéfini (4.2)	indefinite	**quelqu'un, quelque chose**
interrogatif (4.5)	interrogative	**qui ?, qu'est-ce qui ?**
personnel	personal	
– pron. pers. sujet (Bilan 3)	subject personal pronoun	**je, tu, il**
– pron. pers. complément direct (Bilan 3)	direct objet personal pronoun	je **les** vois
– pron. pers. complément indirect (Bilan 3)	indirect object personal pronoun	on **me** parle
– pron. pers. d'insistance (3.1)	emphatic personal pronoun	**moi, toi, lui**
– relatif (4.2 ; 4.3)	relative pronoun	la femme **qui**...
		la voiture **que** j'ai vue
– possessif (4.4)	possessive pronoun	c'est **le mien**
– tonique	stressed pronoun (commands)	donne-**moi**
qualificatif (cf. adjectif)	**qualifying adjective**	
relatif (cf. pronom)	**relative pronoun**	
singulier	**singular**	
subordonnée (4.2)	**subordinate** clause	**quand j'ai faim**, je mange
sujet	**subject**	
superlatif (4.5)	**superlative**	
de supériorité	of superiority	il est **le plus** grand
d'infériorté	of inferiority	il est **le moins** sympa
terminaison	**endings**	nous regard**ons**
variable	**variable**	
verbe	**verb**	être, regarder...
verbe pronominal	**pronominal verb**	**je me** lève
verbe irrégulier	**irregular verb**	
voyelle	**vowel**	a, e, i, etc.

VOCABULARY

Vocabulaire (leçon par leçon)

Vocabulaire des dialogues
(obligatoire « actif »)

Vocabulaire des listes lexicales
(à la demande « actif » ou « passif »)

Vocabulaire des documents authentiques
(facultatif « passif »)

Adv = adverbe   *f* = féminin   *m* = masculin   *pl* = pluriel   * American forms

1

1.1

je m'apelle Jacques Martineau [ʒəmapɛlʒakmartino]	my name is Jacques Martineau
je suis [ʒ(ə)sɥi]	I am
français, -e [frɑ̃sɛ/-z]	French
je suis français, -e	I am French
j'ai [ʒe]	I have
j'ai 25 ans [vɛtsɛ̃kɑ̃]	I am 25 years old
je suis né, -e [...ne]	I was born
à Marseille [marsɛj]	in Marseilles
le/la pianiste [lə/lapjanist]	(the) pianist
j'habite à Paris [ʒabitapari]	I live in Paris
la place [laplas]	place
place de la Contrescarpe [...dəlakɔ̃trɛskarp]	

les professions *f pl* [leprɔfɛsjɔ̃]	professions
le/la journaliste [... ʒurnalist]	journalist
le médecin [... medsɛ̃]	doctor
l'infirmier *m* [lɛ̃firmje]	male nurse
l'infirmière *f* [lɛ̃firmljɛr]	nurse
le/la dentiste [... dɑ̃tist]	dentist
le/la secrétaire [... səkretɛr]	secretary
l'architecte *m f* [larʃitɛkt]	architect
l'étudiant, -e [letydjɑ̃/-t]	student
le/la président, -e [ləprezidɑ̃]	president
l'acteur *m* [laktœr]	actor
l'actrice *f* [laktris]	actress
la France [lafrɑ̃s]	France
la Chine [laʃin]	China
l'Allemagne *f* [lalmaɲ]	Germany
la Tunisie [latynizi]	Tunisia
le Japon [ləʒapɔ̃]	Japan
le Mexique [ləmɛksik]	Mexico
les États-Unis [lezetazyni]	the United States
en France [ɑ̃...]	in France
au Japon [o...]	in Japan
la nationalité [nasjɔnalite]	nationality
je suis français, -e [frɑ̃sɛ/-z]	I am French
je suis japonais, -e [ʒapɔnɛ/-z]	I am Japanese
je suis chinois, -e [ʃinwa/-z]	I am Chinese
je suis mexicain, -e [mɛksikɛ̃/-ɛn]	I am Mexican
je suis américain, -e [amerikɛ̃/-ɛn]	I am American
je suis tunisien, -ne [tynizjɛ̃/-ɛn]	I am Tunisian
je suis canadien, -ne [kanadjɛ̃/-ɛn]	I am Canadian
je suis allemand, -e [ʒəsɥizalmɑ̃/-d]	I am German
il/elle s'appelle Kurt, Maria... [ilsapɛl...]	his/her name is Kurt, Maria
il/elle est pianiste [il/ɛlɛ...]	he/she is a pianist
il/elle habite à Paris [... abitapari]	he/she lives in Paris

Vocabulary (lesson by lesson)

Dialogues Vocabulary
(obligatory/"active")

Glossary Lists Vocabulary
(either "active" or "passive")

Documentation Vocabulary
(optional/"passive")

Adv = adverb	*f* = feminine	*m* = masculine	*pl* = plural

le passeport [ləpaspɔr]	the passport
le nom [lən5]	the name
le prénom [ləpren5]	the first name
né le [nelə]	born
le domicile [lədɔmisil]	residence
l'adresse [ladrɛs̆]	the address

1.2

dix heures [dizœr]	ten o'clock
bonjour,	hello
madame Lenoir [b5ʒurmadamlənwar]	Mrs. Lenoir
monsieur Lenoir [məsjø...]	Mr. Lenoir
ça va ? [sava]	how are you? *how are things going?
ça va	fine
le/la concierge [k5sjɛrʒ]	caretaker, *apartment manager
et [e]	and
vous [vu]	you (formal)
ça va, et vous ?	fine, and you?
s'il vous plaît [silvuplɛ]	please
quelle heure est-il ? [kɛlœrɛtil]	what time is it?
merci [mɛrsi]	thank you
l'agent *m* [laʒã] (de police)	policeman
salut, François [salyfrãswa]	hi, François
comment ça va ? [kɔmã...]	how's it going? (Or, how are things going?)
ça va, et toi ? [...twa]	fine, and you? (informal)
au revoir [orəvwar]	good-bye, *good-by
à demain [adəmɛ̃]	see you tomorrow
le chef d'orchestre [ʃɛfdɔrkɛstr]	conductor
bonsoir [b5swar]	good evening
le présentateur [presãtatœr]	newscaster *news commentator
bonne nuit [bɔnnɥi]	good night
mademoiselle [madmwazɛl]	Miss
il dit [...di]	he says
il dit bonsoir à François	he says good evening to François
le/la coiffeur, -euse [kwafœr/-øz]	hairdresser

le lieu [ljø]	place
dans [dã]	in
dans la rue [dãlary]	in the street
devant [dəvã]	in front of
la maison [mez5]	house
devant la maison	in front of the house
l'escalier *m* [lɛskalje]	staircase
l'heure *f* [lœr]	the time *the hour
il est onze heures et quart [ilɛ5zœrekar]	it's a quarter past eleven
il est sept heures et demie [...sɛtœredmi]	it's seven thirty
moins [mwɛ̃]	to

il est sept heures moins dix [...dis]	it's ten to seven
il est deux heures moins le quart [...døzœr...]	it's a quarter to two
midi [midi]	midday *noon
minuit [minyi]	midnight
la salutation [salytasjɔ̃]	greeting
le musicien [myzisjɛ̃]	musician (male)
la musicienne [myzisjɛn]	musician (female)
l'ingénieur m [lɛ̃ʒenjœr]	engineer
le professeur [prɔfɛsœr]	teacher *professor
la femme [fam]	woman

Informations [ĩfɔrmasjɔ̃]	news
le script board [skriptbɔrd]	script board
magazine [magazin]	magazine
le plan [plã]	plan

1.3

le rendez-vous [rãdevu]	appointment
oui [wi]	yes
non [nɔ̃]	no
vous êtes [vuzɛt]	you are
être [ɛtr]	to be
libre m/f [libr]	free
est-ce que vous êtes libre ? [ɛskə...]	are you free?
lundi/le lundi [lœ̃di]	on Monday, on Mondays
pour [pur]	for
l'interview f [lɛ̃tɛrvju]	the interview
ne... pas [nə...pa]	negation
je ne suis pas libre	I am not free
je travaille [ʒatravaj]	I work
travailler [travaje]	to work
mardi/le mardi [mardi]	on Tuesday, on Tuesdays
je vais à l'opéra [...vɛ...]	I go / I am going to the opera
aller [ale]	to go
mais [mɛ]	but
de... à	from... to
de 3 heures à 5 heures	from three o'clock to five o'clock
vous pouvez [...puve]	you can
pouvoir [puvwar]	to be able to
venir [v(ə)nir]	to come
vous pouvez venir à 3 heures ?	can you come at three o'clock?
d'accord [dakɔr]	all right *O.K.
épeler [eple]	to spell
merci beaucoup [...boku]	thank you very much
l'après-midi m/f [laprɛmidi]	afternoon

les jours m pl [ʒur]	days
mercredi m [mɛrkrədi]	Wednesday
jeudi m [ʒødi]	Thursday
vendredi m [vãdrədi]	Friday
samedi m [samdi]	Saturday
dimanche m [dimãʃ]	Sunday
le moment [mɔmã]	time of day
la journée [ʒurne]	during the day
le matin [matɛ̃]	in the morning
le soir [swar]	in the evening
l'activité f [laktivite]	activity
déjeuner [deʒœne]	to have lunch
dîner [dine]	to have dinner
chez [ʃe]	at/to
le docteur [dɔktœr]	the doctor
le cinéma [sinema]	the movies
la radio [radjo]	on the radio
l'aéroport m [laerɔpɔr]	at/to the airport
le restaurant [rɛstɔrã]	at/to the restaurant

1.4

ici [isi]	here
par ici [parisi]	this way
vous voulez [vuvule]...?	do you want, would you like?
vouloir [vulwar]	to want
le café [kafe]	coffee
volontiers [vɔlɔ̃tje]	willingly, gladly

la cigarette [sigarɛt]	cigarette
voulez-vous une cigarette?	do you want a cigarette?
fumer [fyme]	to smoke
commencer [kɔmãse]	to begin
aimer [ɛme]	to like
aimer le jazz [...dʒaz]	to like jazz
bien sûr [bjẽsyr]	of course
aussi [osi]	also
beaucoup	a lot
un peu [œ̃pø]	a little
pas du tout [padytu]	not at all
vous faites [...fɛt]	you do...
le week-end [wikɛnd]	weekend
qu'est-ce que vous faites le week-end? [kɛskəvufɛt...]	what do you do at the weekend?
jouer [ʒwe]	to play
le tennis [tenis]	tennis
le football [futbol]	soccer
jouer au tennis [...otenis]	to play tennis
préférer [prefere]	to prefer
lire [lir]	to read
je préfère lire [...prefɛr...]	I prefer to read
écouter la radio [ekute...]	to listen to the radio
la musique [myzik]	music
France Musique [frãsmysik]	France Musique (a French radio station)

le sentiment [sãtimã]	feeling
adorer [adɔre]	to adore
détester [detɛste]	to detest
manger [mãʒe]	to eat
boire [bwar]	to drink
dormir [dɔrmir]	to sleep
la télé(vision) [televizjõ]	television
regarder la télé [rəgardelatele]	to watch television
les vacances f pl [vakãs]	holidays *vacation
la montagne [mõtaɲ]	mountain
la mer [mɛr]	sea
la campagne [kãpaɲ]	country

cher, -ère [ʃɛr]	dear
le photographe [fɔtɔgraf]	photographer
voyager [vwajaʒe]	to travel
il adore voyager	he loves to travel
parler [parle]	to speak
parler anglais [ãglɛ]	to speak English
espagnol [ɛspaɲɔl]	Spanish
italien [italjẽ]	Italian
le questionnaire [kɛstjɔnɛr]	questionnaire
la date de naissance [...nɛsãs]	date of birth
sortir [sɔrtir]	to go out
le théâtre [teatr]	theatre, theater
la promenade [prɔmnad]	walks *stroll
la visite [vizit]	visit
le concert [kõsɛr]	concert
la conférence [kõferãs]	conference, lecture
l'exposition f [lɛksposisjõ]	exhibition
le musée [myze]	museum
le spectacle sportif [spɛktaklspɔrtif]	sports show
le sport [spɔr]	sport
pratiqué, -e	practised *practiced
la danse [dãs]	dance
la réception [resepsjõ]	reception

1.5

la répétition [repetisjõ]	rehearsal
l'orchestre m [lɔrkɛstr]	orchestra
la salle [sal]	hall
novembre m [nɔvãbr]	November
le programme [prɔgram]	programme
il y a [ilja]	there is/are
l'œuvre f [lœvr]	work
arriver [arive]	to arrive
ils disent bonjour [ildizbõʒur]	they say hello
grand, -e [grã/-d]	tall
brun, -e [brœ̃/bryn]	dark (haired)
mince m/f [mɛ̃s]	thin
je vois [ʒ(ə)vwa]	I see

voir [vwar]	to see
souriant, -e [surjɑ̃/-t]	smiling
sympathique m/f [sɛ̃patik]	nice
voici [vwasi]	here is
voilà [vwala]	there is
jeune m/f [ʒœn]	young
le/la violoniste [vjɔlɔnist]	the violinist
être en retard [ɛtrɑ̃r(ə)tar]	to be late
content, -e [kɔ̃tɑ̃/-t]	glad
prêt, -e [prɛ/-t]	ready
mesdames pl [medam]	ladies
messieurs pl [mesjø]	gentlemen
mesdemoiselles pl [medmwazɛl]	young ladies

la description [dɛskripsjɔ̃]	description
physique m/f [fizik]	physical
psychologique m/f [psikɔlɔʒik]	psychological
petit, -e [p(ə)ti/-t]	little, small
vieux, vieille [vjø, vjɛj]	old
gros, -se [gro/gros]	fat
blond, -e [blɔ̃/-d]	blond
roux, rousse [ru/rus]	red-haired
gaie, -e [ge]	cheerful
triste m/f [trist]	sad
antipathique m/f [ɑ̃tipatik]	disagreeable
mécontent, -e [mekɔ̃tɑ̃/-t]	displeased
gentil, -le [ʒɑ̃ti/-tij]	nice
méchant, -e [meʃɑ̃/-t]	naughty, nasty, *mean
l'instrument m [lɛ̃strymɑ̃]	instrument
le piano [pjano]	piano
la flûte [flyt]	flute
le violoncelle [vjɔlɔ̃sɛl]	'cello
le violon [vjɔlɔ̃]	violin
la trompette [trɔ̃pɛt]	trumpet
la guitare [gitar]	guitar
la harpe [la'arp]	harp

octobre m	October
la chorale	choir
le récital	recital
le caveau	cave
juin m	June
septembre m	September

* * *   * * *

Bilan 1   # Review 1

B

le quartier latin	the Latin Quarter
le rendez-vous	appointment
le chansonnier	satirical, singer-comedian, songwriter-comedian
près de	near
le marché	market
un café parisien	Parisian cafe
à la terrasse	on the terrace
la bière	beer
le jus de fruit(s)	fruit juice
un « crème »	coffee with milk
un « noir »	black coffee
construit en 1874	built in 1874
le style	style
la peinture	painting
l'orchestre national m	national orchestra
le début du siècle	the beginning of the century

C

la place est libre ? [laplasɛlibr]	is this seat free?
je peux m'asseoir ? [ʒ(ə)pømaswar]	can I sit down?
aimer bien manger [...bjɛ̃...]	to like to eat
sud-africain, -e [sydafrikɛ̃/-ɛn]	South African

* * *   * * *

2.1 ②

vivre [vivr]	to live
Évry [evri]	Evry
qui [ki]	who
qui est-ce ? [kiɛs]	who is it?
c'est [se]	it is
la dame [dam]	lady
là-bas [labɑ]	over there
nouveau, nouvel, nouvelle [nuvo, nuvɛl, nuvɛl]	new
enchanté, -e [ɑ̃ʃɑ̃te]	pleased to meet you
ensemble [ɑ̃sɑ̃bl]	together
le bureau [byro]	desk
la fenêtre [fənɛtr]	window
le travail [travaj]	work
urgent, -e [yrʒɑ̃/-t]	urgent
ce sont [səsɔ̃]	they are
la lettre [lɛtr]	letter
le chef des ventes [ʃɛfdevɑ̃t]	sales manager *head of sales
le papier [papje]	paper
le carbone [karbɔn]	carbon
le tiroir [tirwar]	drawer
la machine (à écrire) [maʃin(aekrir)]	typewriter
marcher [marʃe]	to work (a machine)
le modèle [mɔdɛl]	model
électrique m/f [elɛktrik]	electric
la sonnerie [sɔnri]	bell
derrière [dɛrjɛr]	behind
la mairie [meri]	town hall

le matériel [materjɛl]	equipment
le siège [sjɛʒ]	seat
la chaise [ʃɛz]	chair
le fauteuil [fotœj]	armchair
la lampe [lɑ̃p]	desk lamp
le classeur [klasœr]	file drawer
le fichier [fiʃje]	card index
la corbeille à papier [kɔrbɛj...]	wastepaper basket
le stylo [stilo]	pen
le crayon [krɛjɔ̃]	pencil
la règle [rɛgl]	ruler
la gomme [gɔm]	rubber *eraser
sous [su]	under
sur [syr]	on
à côté de [akotedə]	beside
le repas [r(ə)pa]	meal
le petit déjeuner [ptideʒœne]	breakfast
le déjeuner [deʒœne]	lunch
prendre le petit déjeuner [prɑ̃dr...]	to have breakfast
le dîner [dine]	dinner
le souper [supe]	supper
l'animal m [lanimal]	animal
le vélo [velo]	bicycle
l'oiseau m [lwazo]	bird
le fil électrique [fil...]	electric wire
la girafe [ʒiraf]	giraffe
le rhinocéros [rinoserɔs]	rhinoceros
le sac [sak]	sack (or bag)
le cochon [kɔʃɔ̃]	pig

la présidence	presidency
le P.D.G. (Président Directeur Général)	chairman / Managing Director
la direction	management
la direction générale et financière	general and financial management
la direction technique	technical management
la direction commerciale	commercial management
la direction administrative	administrative management
le projet	project
la production	production
le chef	head
le chef des ventes	sales manager *head of sales
le chef du personnel	personnel manager *head of personnel
le chef de la comptabilité	accounts manager *head of accounting
le secrétariat	secretary's office
l'organigramme	organization chart
la société	company
le directeur/la directrice	director

2.2

la carte [kart]	menu
le menu [m(ə)ny]	fixed menu
aujourd'hui [oʒurdɥi]	today
le plat [pla]	dish
le plat du jour [pladyʒur]	today's special
le garçon [garsɔ̃]	waiter
cher, -ère [ʃɛr]	expensive
le poulet [pulɛ]	chicken
le riz [ri]	rice
moi [mwa]	me
pour moi	for me
je voudrais [vudrɛ]	I would like
le steak-frites [stɛkfrit]	steak and French fries
bien [bjɛ̃]	well
la boisson [bwasɔ̃]	drink
comme boisson [kɔmbwasɔ̃]	what would you like to drink?
le vin [vɛ̃]	wine
...pas de vin	no wine
alors [alɔr]	well then
l'eau f [lo]	water
la carafe [karaf]	carafe
le dessert [desɛr]	dessert
le fruit [frɥi]	fruit
les fruits m pl	fruit
la glace [glas]	ice cream
vous prenez [...prəne]	are you having...
prendre [prɑ̃dr]	to have
l'addition f [ladisjɔ̃]	check *bill
on se dit tu ? [ɔ̃s(ə)dity]	shall we call each other "tu"?
marié, -e [marje]	married
divorcé, -e [divɔrse]	divorced
seul, -e [sœl]	single
je veux bien [ʒ(ə)vøbjɛ̃]	I'd like to
c'est sympa(thique) [...sɛ̃pa/-tik]	That's nice

la biscotte [biskɔt]	cracker
le croissant [krwasɑ̃]	croissant
le pain [pɛ̃]	bread
le beurre [bœr]	butter
la confiture [kɔ̃fityr]	jam
le thé [te]	tea
le lait [lɛ]	milk
le chocolat [ʃɔkɔla]	chocolate
le hors-d'œuvre [lə'ɔrdœvr]	hors-d'œuvre
l'entrée f [lɑ̃tre]	first course
la viande [vjɑ̃d]	meat
le poisson [pwasɔ̃]	fish
les légumes m pl [legym]	vegetables
le fromage [frɔmaʒ]	cheese
la bière [bjɛr]	beer
le veau [vo]	veal
du veau	some veal
l'état civil m [letasivil]	civil status
célibataire m/f [selibatɛr]	Single
le veuf, la veuve [vœf, vœv]	widower, widow

la famille	family
le copain	friend, pal
la tête	head
en tête à tête	in private
le menu minceur	low-calorie menu
le thé au citron	tea with lemon
la salade verte	green salad
la pomme	apple
le potage de légumes	vegetable soup
le yaourt	yogurt
la salade de tomates	tomato salad
la charcuterie	cold cuts
le lapin aux champignons	rabbit with mushrooms
le bordeaux	bordeaux
la salade niçoise	
le jambon cru	cured ham
la tarte aux pommes	apple pie
le beaujolais	beaujolais
les huîtres f pl	oysters
le steak au poivre	steak with pepper

le gâteau au chocolat	chocolate cake
les plats régionaux	regional dishes
le cassoulet	a sort of ham and beans with sausage
les haricots blancs m pl	broad beans *navy beans
la bouillabaisse	bouillabaisse (fish soup)
les pommes de terre f pl	potatoes
l'ail m	garlic
les épices f pl	spices
la fondue savoyarde	fondue (from the region of Savoy)
le vin blanc	white wine
la choucroute	sauerkraut
le chou	cabbage

2.3

le boucher [buʃe]	butcher
la boucherie [buʃri]	butcher's shop
à vous, Madame	your turn, Madam
désirer [dezire]	to desire, to want
vous désirez ? [...dezire]	what would you like?
coûter [kute]	to cost
combien coûte... ? [kɔ̃bjɛ̃kut]	how much does... cost?
la côtelette d'agneau [kotlɛtdaɲo]	lamb chop
acheter [aʃte]	to buy
le rôti [roti]	roast
bonne idée [bɔnide]	good idea
ne... plus [nə... ply]	not... any more
encore [ɑ̃kɔr]	still
du porc [dypɔr]	pork
la personne [pɛrsɔn]	person
pour combien de personnes ?	for how many (persons?)
beau, bel, belle [bo, bɛl, bɛl]	beautiful
peser [pəze]	to weigh
et avec ça ? [eavɛksa]	anything else? *and what else?
c'est tout [...tu]	that's all
ça fait combien ? [safɛ...]	how much does that come to? how much is that?
payer [peje]	to pay
chéri, -e [ʃeri]	dear, darling *sweetheart
une seconde [səgɔ̃d]	second
l'argent m [larʒɑ̃]	money
faire un chèque [fɛrɛ̃ʃɛk]	to make a check
ça [sa]	that

le billet [bijɛ]	banknote/note *bill
la monnaie [mɔnɛ]	change
la pièce de monnaie [pjɛsdəmɔnɛ]	coin
autre m/f [otr]	other
le moyen de paiement [mwajɛ̃dpemɑ̃]	means of payment
la carte de crédit [kartdəkredi]	credit card
le magasin [magazɛ̃]	shop *store
les commerces m pl [kɔmɛrs]	shops
la boulangerie [bulɑ̃ʒri]	baker's, cake shop
la charcuterie [ʃarkytri]	delicatessen (and pork butcher's shop)
l'épicerie f [lepisri]	grocery *store
la crémerie [krɛmeri]	dairy produce shop *milk and cheese shop
la pharmacie [farmasi]	chemist *pharmacy
la droguerie [drɔgri]	hardware store (also sells housecleaning products)
le bureau de tabac [byrodətaba]	tobacconist's *tobacco shop
la librairie [librɛri]	bookshop *bookstore
les commerçants, -tes [kɔmɛrsɑ̃/-t]	shopkeepers
le/la boulanger/-ère [bulɑ̃ʒe/-ɛr]	baker
le/la charcutier/-ière [ʃarkytje/-ɛr]	park butcher
l'épicier/-ière [epsije/-ɛr]	grocer
le/la crémier/-ière [krɛmje/-ɛr]	dairyman/woman
le/la pharmacien/-ienne [farmasjɛ̃/-jɛn]	*pharmacist chemist
le/la droguiste [drɔgist]	owner or keeper of a hardware shop
le/la buraliste [byralist]	owner or keeper of a tobacco shop
le/la libraire [librɛr]	owner or keeper of a bookshop
l'article m [lartikl]	article
la volaille [vɔlaj]	poultry
la pâtisserie [patisri]	pastry
la confiserie [kɔ̃fizri]	confectionary
la conserve [kɔ̃sɛrv]	tinned foods *canned goods

l'alimentation générale f [lalimãtasjɔ̃ʒeneral]	grocery store
l'œuf m, les œufs [lœf, lezø]	egg, eggs
le produit laitier [prɔdɥiletje]	dairy produce
le médicament [medikamã]	medicine
le produit de beauté [prɔdɥidbote]	beauty product
le produit d'entretien [...dãtrətjɛ̃]	household product *housecleaning product
le tabac [taba]	tobacco
le timbre [tɛ̃br]	stamp
le fumeur [fymœr]	smoker
la carte postale [kartpɔstal]	postcard
le livre [livr]	book
le journal, les journaux [ʒurnal, ʒurno]	newspaper, newspapers
la papeterie [pap(e)tri]	stationery shop
vendre [vãdr]	to sell
l'acheteur, -euse [laʃ(ə)tœr/-tøz]	buyer
le/la marchand/-e [marʃã/-d]	shopkeeper
le/la vendeur/-euse [vãdœr/-øz]	salesman, saleswoman
le/la client, -e [klijã/-ãt]	customer
le poids [pwa]	weight
le prix [pri]	price

la carotte	carrot
l'oignon m	onion
le poireau	leek
les haricots verts m pl	green beans
la poire	pear
l'orange f	orange
l'huile f	oil
le vinaigre	vinegar
le sucre	sugar
frais, fraîche	fresh
rien que des viandes fraîches	nothing but fresh meat
ni congelées ni surgelées	neither frozen nor deep-frozen
le prix de vente	selling price, *sale price
les prix de vente habituels	retail prices
garanti(s) jusqu'au 20/12/81	guaranteed until December 20, 1981
le faux-filet	sirloin
la noix de veau	cut of veal (from the thigh)
l'escalope f	escalope
l'épaule f d'agneau	lamb shoulder
la côte 1ʳᵉ	prime rib
le saucisson (à l') ail	garlic sausage
la pintade	guinea-fowl
la tranche	slice
les petits-pois m pl	garden peas, *sweet peas
les cœurs de palmier m pl	palm hearts, *hearts of palm
les cœurs d'artichauts m pl	artichoke hearts
les fonds d'artichauts m pl	artichoke hearts
les champignons de Paris m pl	Paris mushrooms
les flageolets m pl	white or baked beans, *kidney beans
les asperges f pl	asparagus
les olives vertes f pl	green olives
le saumon	salmon
le crabe	crab
les miettes f pl	shredded crab
les crevettes f pl	shrimp
les coquilles f pl St. Jacques	scallops
le foie de morue	cod liver
le délice de foie de volaille	chicken liver
le parfait de foie	liver parfait
les cacahuètes f pl	peanuts
la saucisse	sausage
extra fin	extra fine
le lot	lot
200 g net égoutté	200 grams net drained
au choix	your choice
le bocal	glass container
la boîte	tin *can
le sachet	sachet, packet, bag
la coquille vide	empty shell
le rouleau	roll
la bouteille	bottle
le paquet	package
appellation contrôlée (AC)	quality wine
vin délimité de qualité supérieure (VDQS)	guaranteed of superior quality
dénoyauté, -e	pitted
décortiqué, -e	shelled

2.4

le salon [salɔ̃]	living room
la mère [mɛr]	mother
le fils [fis]	son
il faut [fo]	it's necessary, you must
ranger [rɑ̃ʒe]	to put away
ces affaires f pl [...sezafɛr]	these things
il faut ranger les affaires	these things have to be put away
attendre [atɑ̃dr]	to wait for
l'invité, -e [lɛ̃vite]	guest
ce soir [səswar]	tonight
le/la collègue [kɔlɛg]	colleague
à qui est... ? [akiɛ]	whom does this belong to?
le pull(over) [pylɔvɛr]	pullover
ta sœur f [sœr]	your sister
l'ami, -e [lami]	friend
l'appareil m [laparɛj]	apparatus
cet appareil photo	this camera
mon copain/ma copine [kɔpɛ̃, kɔpin]	my pal, my girlfriend
le blouson [bluzɔ̃]	jacket
le cuir [kɥir]	leather
le père [pɛr]	father
les blondes f pl [blɔ̃d]	English or American cigarettes
l'allumette f [lalymɛt]	match
la poche [pɔʃ]	pocket

le vêtement [vɛt(ə)mɑ̃]	item of clothing, *piece of clothing
le jean [dʒin]	jeans
le débardeur [debardœr]	tank top
la chemise [ʃ(ə)miz]	shirt
le chemisier [ʃ(ə)mizje]	blouse
la jupe [ʒyp]	skirt
le gilet [ʒilɛ]	waistcoat
le pantalon [pɑ̃talɔ̃]	trousers *pants
le chandail [ʃɑ̃daj]	sweater
la robe [rɔb]	dress
la veste [vɛst]	jacket
le manteau [mɑ̃to]	coat
l'imperméable m [lɛ̃pɛrmeabl]	raincoat
le bas [bɑ]	stocking
la chaussette [ʃosɛt]	sock
le soutien-gorge [sutjɛ̃gɔrʒ]	bra
le collant [kɔlɑ̃]	tights
les souliers m pl [sulje]	shoes
les chaussures f pl [ʃosyr]	shoes
les bottes f pl [bɔt]	boots
l'écharpe f [leʃarp]	scarf
les matériaux m pl [materjo]	materials
la laine [lɛn]	wool
le coton [kɔtɔ̃]	cotton
le bois [bwa]	wood
le verre [vɛr]	glass
le fer [fɛr]	iron
la pierre [pjɛr]	stone
les parents m pl [parɑ̃]	parents
le mari [mari]	husband
les enfants m pl [lezɑ̃fɑ̃]	children
le frère [frɛr]	brother
la fille [fij]	daughter, girl
appartenir à [apartənira]	to belong to
le pull appartient à Brigitte [...apartjɛ̃...]	the pullover belongs to Brigitte

j'apprends le français	I am learning French
la plage	beach
l'hôtel m	hotel
embrasser	to kiss
je t'embrasse	Love from... (ending for letters)

2.5

appeler [aple]	to call
vous pouvez m'appeler Sophie [sɔfi]	you can call me Sophie
agréable m/f [agreabl]	pleasant
l'architecture f [larʃitɛktyr]	architecture
moderne m/f [mɔdɛrn]	modern
ça marche [samarʃ]	it's working out fine
la chambre [ʃɑ̃br]	bedroom
les devoirs m pl [dəvwar]	homework
le jus [ʒy]	juice
le jus d'orange [ʒydɔrɑ̃ʒ]	orange juice
le jus de raisin [ʒyd(ə)rɛzɛ̃]	grape juice
le jus d'abricot [ʒydabriko]	apricot juice
le jus de pomme [ʒydpɔm]	apple juice
la bouteille [butɛj]	bottle
vide m/f [vid]	empty
la vie [vi]	life
qu'est-ce que vous faites dans la vie ?	what do you do for a living?
le représentant [rəprezɑ̃tɑ̃]	sales representative *salesman
le jus de fruits [ʒydfrɥi]	fruit juice
comprendre [kɔ̃prɑ̃dr]	to understand

la famille [famij]	family
les grands-parents m pl [grɑ̃parɑ̃]	grandparents
la grand-mère [grɑ̃mɛr]	grandmother
le grand-père [grɑ̃pɛr]	grandfather
la belle-mère [bɛlmɛr]	mother-in-law
le beau-père [bopɛr]	father-in-law
les petits-enfants m pl [ptizɑ̃fɑ̃]	grandchildren
l'oncle m [lɔ̃kl]	uncle
la tante [tɑ̃t]	aunt
le cousin [kuzɛ̃]	cousin
la cousine [kuzin]	cousin
le beau-frère [bofrɛr]	brother-in-law
la belle-sœur [bɛlsœr]	sister-in-law
l'alcool m [lalkɔl]	alcohol
le digestif [diʒɛstif]	liqueur
l'eau minérale f [lomineral]	mineral water
l'eau plate f [loplat]	water without gas, non fizzy water
l'eau gazeuse f [logazøz]	fizzy water *carbonated water

la fiche familiale d'état civil et de nationalité française	French nationality and family civil status form
marié le... à...	married on the... at...
âge	age
le conjoint	spouse
le malade imaginaire	the hypocondriac
second, -e	second
l'amant, -e	lover
l'apothicaire m	apothecary
le notaire	sollicitor *lawyer
la servante	servant
la scène est à Paris	the scene takes place in Paris
la petite-fille [...fij]	little girl
« petite fille », signifie ici « fillette »	"petite fille" here means "little girl"

✳ ✳ ✳   ✳ ✳ ✳

Bilan 2

Review 2

B

au sud de Paris	south of Paris
le département	department (political and geographic area)
être prévu, -e pour	to be planned for
l'habitant *m*	inhabitant
la préfecture	prefecture (main administration center of a department)
autour de la préfecture	around the prefecture
le centre commercial	shopping centre
l'ensemble culturel *m*	cultural centre
la piscine	swimming pool
la bibliothèque	library
la patinoire	ice-skating rink, ice rink
original, -e	novel, innovative
le jardin	garden
une école ouverte sur le jardin	a school which opens on to the garden
les transports rapides *m pl*	fast train service
la piste cyclable	bicycle path
l'urbaniste *m*	town planner *city planner
l'art de vivre *m*	life style *way of living
réunir	to bring together
le logement	housing
les équipements sociaux *m pl*	social welfare facilities
l'administration *f*	administration
le centre de loisirs	leisure centre *sports and crafts center
nombreuses constructions groupées	conglomeration
en banlieue	in the suburbs
la limite	boundary
le centre urbain	town centre

C

la menthe [mãt]	mint
essayer [esɛje]	to try
se retrouver [sərətruve]	to meet
le club [klœb]	club
faire du ski [fɛrdyski]	to go skiing
Air France [ɛrfrãs]	Air France

D

l'unité de mesure	unit of measurement
la livre	pound
la tonne	ton
le centimètre	centimetre
le mètre	metre
le kilomètre	kilometre
la seconde	second
la minute	minute
les couleurs	colours
gris, blanc, bleu, vert, jaune, violet/mauve, noir, orange, rouge, rose, brun/marron	grey, *gray, white, blue, green, yellow, purple/mauve, black, orange, red, pink, brown

* * *

* * *

3

3.1

s'arrêter [sarete]	to stop
l'endroit *m* [lãdrwa]	spot
fou, folle [fu, fɔl]	crazy
camper [kãpe]	to camp
le champ [ləʃã]	field
près de [prɛdə]	near
la ferme [lafɛrm]	farm
c'est défendu [sedefãdy]	it's forbidden
pardon [pardɔ̃]	excuse me, *pardon me
le renseignement [rãsɛɲəmã]	information
demander un renseignement	to ask for information
le/la fermier, -ière [fɛrmje/-jɛr]	farmer, farmer's wife
le terrain [terɛ̃]	ground
le terrain de camping [...kãpiŋ]	camp site *camp ground
loin [lwɛ̃]	far
c'est à 10 km [sɛta...]	it's 10 kilometres away
visiter [vizite]	to visit
la région [reʒjɔ̃]	region
rester [rɛste]	to stay
l'autorisation *f* [lɔtɔrizasjɔ̃]	permission
la tente [latãt]	tent
monter la tente [mɔ̃te]	to pitch the tent
l'arbre *m* [larbr]	tree
excusez-nous [ekskyzenu]	excuse us
le feu [ləfø]	fire
faire du feu	make a fire
faire attention [atãsjɔ̃]	to pay attention, to mind
l'artichaut *m* [lartiʃo]	artichoke
laisser [lese]	to leave
à tout à l'heure [atutalœr]	see you soon

le camping [kãpiŋ]	camping
la caravane [karavan]	caravan *trailer
le sac à dos [sakado]	rucksack *backpack
le matelas pneumatique [matlapnømatik]	inflatable mattress *lilo
le sac de couchage [sakdəkuʃaʒ]	sleeping bag
la chaise pliante [ʃɛzplijãt]	folding chair
le camping-gaz [kãpiŋgaz]	camping stove
la glacière [glasjɛr]	ice box *ice chest
la lampe de poche [lãpdəpoʃ]	flashlight *torch
autoriser [ɔtɔrize]	to authorize
c'est autorisé [sɛtɔtɔrize]	it is allowed
il est autorisé de...	-ing is allowed
permettre [pɛrmɛtr]	to permit
c'est permis [...pɛrmi]	it is permitted
il est permis de...	-ing is permitted
la permission [lapɛrmisjɔ̃]	permission
défendre [defãdr]	to forbid
c'est défendu [...defãdy]	it is forbidden
il est défendu de	-ing is forbidden
défense de fumer [defãs...]	no smoking *smoking prohibited
refuser [rəfyze]	to refuse
le droit de... [lədrwadə]	the right to...
interdire [ɛ̃tɛrdir]	to forbid
l'interdiction *f* [lɛ̃tɛrdiksjɔ̃]	prohibition
la formule de politesse [lafɔrmyldəpolitɛs]	polite form
remercier [rəmɛrsie]	to thank
s'excuser [sɛkskyze]	to apologize
parler [parle]	to speak

le règlement	regulations
le règlement du camping	campground regulations
faire du bruit	to make noise
il est interdit de faire du bruit après 10 heures	No noise after 10 p.m.
jeter les ordures dans la poubelle	Please throw all rubbish garbage in the waste bin/dustbin.
prière de jeter les ordures dans la poubelle	No litter
laver	to wash
laver la vaisselle	to wash the dishes

le lavabo	washbasin
le transistor	radio
gêner	to bother
les transistors ne doivent pas gêner vos voisins	radios must not bother your neighbours
le chien	dog
laisser promener librement	without a lead (*leash)
le barbecue	barbecue
la tenue correcte	proper dress
nous vous demandons d'avoir une tenue correcte	campers are requested to dress properly
rouler en voiture	to drive
mettre [mɛtr]	to put, to park
la voiture [vwatyr]	car

3.2

suivre [sɥivr]	to follow
le guide [gid]	guide
la roue [ru]	wheel
la roue arrière [...arjɛr]	back wheel
être à plat [ɛtrapla]	to be flat
le coffre [kɔfr]	boot *trunk
gonfler [gɔ̃fle]	to inflate
changer la roue [ʃɑ̃ʒe]	to change the wheel
sortir [sɔrtir]	to get out
le cric [krik]	jack
la manivelle [manivɛl]	crank
oublier [ublije]	to forget
la main [mɛ̃]	hand
le frein [frɛ̃]	brake
le frein à main [frɛ̃amɛ̃]	handbrake
arriver à faire quelque chose	to succeed in doing something
desserrer [desɛre]	to untighten
j'arrive à desserrer la roue	I've managed to untighten the wheel
ça y est [saje]	There we are
le supermarché [sypɛrmarʃe]	supermarket
avoir besoin de quelque chose [...bəzwɛ̃...]	to need something
il nous faut [ilnufo]	we need
penser à quelque chose [pɑ̃se...]	to think about something
la plage [plaʒ]	beach
puis [pɥi]	then
voir [vwar]	to see
la fête [fɛt]	festival
conseiller [kɔ̃seje]	to advise
l'altitude f [laltityd]	altitude

le conseil [kɔ̃sɛj]	advice
la visite [vizit]	visit
l'arrêt m [larɛ]	stop
l'église f [legliz]	church
le château [ʃato]	castle
le musée [myze]	museum
le port [pɔr]	port
le port de plaisance [...plezɑ̃s]	yachting *harbour, harbor
le point de vue [pwɛ̃dvy]	view point
le panorama [panɔrama]	panorama
le phare [far]	lighthouse
la côte rocheuse [kotrɔʃøz]	rocky coast
le réservoir [rezɛrvwar]	petrol tank *gas tank
la panne [pan]	breakdown
cassé, -e [kase]	broken
faire le plein [fɛrləplɛ̃]	to fill up the tank
réparer [repare]	to repair
la demande [dəmɑ̃d]	request
l'ordre m [lɔrdr]	order
répéter [repete]	to repeat
entrer [ɑ̃tre]	to come in
asseyez-vous [asɛjevu]	sit down
s'asseoir [saswar]	to sit down
levez-vous ! [ləvevu]	get up
se lever [sələve]	to get up

le train/la gare	train/station
la route	road
le bateau	boat
la traversée	crossing
la Grande-Bretagne	Great Britain
l'Irlande f	Ireland
le centre de thalassothérapie	salt-water cure centre
la biologie marine	marine biology
le syndicat d'initiative	tourist office
la chapelle	chapel
la cathédrale	cathedral
le couvent	convent
la maison du xvie siècle	sixteenth century house
les crêpes	pancakes
les coquillages	shellfish
prendre un bain	to take a bath
un bain d'algues	algae bath
l'île	island
la rivière	river
le figuier	fig tree
l'arbre géant	giant tree
le sable fin	fine sand
la roue de secours	spare wheel
dévisser	to unscrew
l'écrou	nut
revisser	to screw back on
descendre le cric	to let down the jack
remettre	to put back

3.3

garer la voiture [gare...]	to park the car
l'entrée f [lãtre]	entrance
l'entrée de la ville	just outside town
c'est à 1 km [sɛta...]	it's one kilometer away
en face de [ãfasdə]	opposite *across from
se dépêcher [sədepeʃe]	to hurry
rire [rir]	to laugh
chanter [ʃãte]	to sing
danser [dãse]	to dance
le concours [kõkur]	contest
le chant [ʃã]	singing
le concours de chant	singing contest
le cidre [sidr]	cider
la crêpe [krɛp]	pancake
la danse [dãs]	dance
la danse bretonne [...brətɔn]	Breton dance
croire [krwar]	to believe
c'est du breton	it's Breton
qu'est-ce que ça veut dire ? [kɛskəsavødir]	what does that mean?
savoir [savwar]	to know
le/la concurrent/-e [kõkyrã/-t]	contestant
s'approcher [saproʃe]	to approach, to come closer
le micro [mikro]	microphone
s'approcher du micro	to come closer to the microphone
la peur [pœr]	fear
avoir peur	to be afraid
joli, -e [ʒɔli]	pretty
avoir l'air... [avwarlɛr]	to seem
avoir l'air timide [...timid]	to look shy
applaudir [aplodir]	to applaud
dernier, -ière [dɛrnje/-ɛr]	last
passer des vacances [pasedevakãs]	to spend one's holiday *to spend one's vacation
partir [partir]	to leave
demain [dəmɛ̃]	tomorrow

le spectacle [spɛktakl]	show
la vedette [vədɛt]	star
jouer de la musique [ʒue...]	to play music
jouer la comédie [...kɔmedi]	to act out a play
le/la chanteur/-euse [ʃãtœr/-øz]	singer
le/la danseur/-euse [dãsœr/-øz]	dancer
le théâtre [teatr]	theatre
le/la comédien/-ienne [kɔmedjɛ̃/-jɛn]	actor
le spectateur [spɛktatœr]	spectator
le public [pyblik]	audience

le rire [rir]	laughter
sourire [surir]	to smile
pleurer [plœre]	to cry
la larme [larm]	tear
les pleurs m pl [plœr]	tears
l'applaudissement m [laplodismã]	applause
les bravos m pl [bravo]	cheers, bravos
siffler [sifle]	to hiss
le sifflet [siflɛ]	hiss
le début [deby]	the beginning
le commencement [kɔmãsmã]	the start
finir [finir]	to finish
la fin [fɛ̃]	end
compter [kɔ̃te]	to count
gagner [gaɲe]	to win
le/la premier/-ière [prəmje/-jɛr]	the winner
le/la second/-e [səgɔ̃/-d]	the runner up
le/la dernier/-ière [dernje/-jɛr]	the last (one)
hier [jɛr]	yesterday
avant-hier	the day before yesterday
après-demain	the day after tomorrow

le soleil	sun, sunshine
le baiser	kiss
bons baisers	love from (ending for a letter)
l'arrivée f	arrival
le martien	Martian
le divorce	divorce
la mort	death
la baleine	whale
la course	race

3.4
la pomme [pɔm]	apple
tomber dans les pommes	to pass out
se réveiller [sərevɛje]	to wake up
le sommeil [sɔmɛj]	sleep
avoir sommeil	to be sleepy
assez [ase]	enough
on n'a pas assez dormi [ɔ̃napa(z)asedɔrmi]	we didn't get enough sleep
trop [tro]	too much, too many
avoir mal à la tête [avwarmalalatɛt]	to have a headache
être fatigué, -e [fatige]	to be tired
le service [sɛrvis]	favour *favor
demander un service	to ask someone a *favour favor
si [si]	if
cueillir [kœjir]	to pick
monter [mɔ̃te]	to climb
haut, -e [o/-t]	high
prudent, -e [prydã/-t]	careful
tenir [tənir]	to hold
l'échelle f [leʃɛl]	ladder
apporter [apɔrte]	to bring
le panier [panje]	basket
lâcher [laʃe]	to let go of
au secours ! [oskur]	help!
vite adv [vit]	quickly
tomber [tɔ̃be]	to fall
la jambe [ʒãb]	leg
(se) casser la jambe	to break one's leg
marcher [marʃe]	to walk
avoir mal [avwarmal]	to be hurt
tu as mal ?	does it hurt?
grave m/f [grav]	serious
appeler [aple]	to call
ne... rien [nə ... rjɛ̃]	not... anything
écraser [ekraze]	to crush

le corps [kɔr]	body
les cheveux m pl [ʃvø]	hair
le front [frɔ̃]	forehead
l'œil, les yeux m [lœj, lezjø]	eye, eyes
le nez [ne]	nose
la joue [ʒu]	cheek
la bouche [buʃ]	mouth

les lèvres f pl [lɛvr]	lips
les dents f pl [dɑ̃]	teeth
le cou [ku]	neck
les oreilles f pl [lezɔrɛj]	ears
la tête [tɛt]	head
l'épaule f [lepol]	shoulder
le bras [bra]	arm
la poitrine [pwatrin]	chest
le ventre [vɑ̃tr]	abdomen, stomach
le dos [do]	back
le foie [fwa]	liver
le cœur [kœr]	heart
l'estomac [lɛstɔma]	stomach
l'accident m [laksidɑ̃]	accident
la maladie [maladi]	sickness
malade m/f [malad]	sick, ill
le mal [mal]	ache, pain
se faire mal	to hurt oneself
la douleur [dulœr]	pain
la cuisse [kɥis]	thigh
la cassure [kasyr]	break
la fracture [fraktyr]	fracture
se blesser [səblese]	to injure oneself
la blessure [blesyr]	injury
l'ambulance f [lɑ̃bylɑ̃s]	ambulance
la police [pɔlis]	police
le pompier [pɔ̃pje]	fireman
les pompiers m pl	firemen
la sécurité [sekyrite]	security
le danger [dɑ̃ʒe]	danger
danger de mort ! [dɑ̃ʒedmɔr]	death warning !
à l'aide ! [alɛd]	help!
la prudence [prydɑ̃s]	caution

le quotidien	daily newspaper
les faits divers m pl	short news items
la chute	fall
le cyclo	moped
un accident s'est produit	an accident happened
la sortie	at the edge of the town
demeurant à	living in
s'endormir	to fall asleep
le volant	steering wheel
le vélomoteur	moped
droit, -e	right
le bloc-notes	notes
en cas d'urgence s'adresser à...	in case of emergency, contact...
le centre hospitalier	medical centre
la médecine	general care
la chirurgie	surgery
la maternité	maternity care
l'ambulance f	ambulance
la permanence	emergency service
les urgences f pl	emergencies

3.5
rentrer [rɑ̃tre]	to go back
vous rentrez chez vous ?	are you going back home?
bon voyage ! [bɔ̃vwajaʒ]	have a good trip !
le cadeau [kado]	gift
tenez ! [təne]	here!
la boîte [bwat]	box
être en train de... [ɛtrɑ̃trɛ̃də]	to be in the process of...
nous allons les manger [nuzalɔ̃lemɑ̃ʒe]	we are going to eat them
je viens d'en faire [ʒvjɛ̃dɑ̃fɛr]	I have just made some
chaud, -e [ʃo/-d]	hot
le bol [bɔl]	bowl
l'assiette f [lasjɛt]	plate
passer [pase]	to pass
la fourchette [furʃɛt]	fork
la recette [r(ə)sɛt]	recipe
tout à l'heure [tutalœr]	later on
arrêter [arete]	to stop
arrête ! [arɛt]	stop!
avoir faim [...fɛ̃]	to be hungry

se servir [səsɛrvir]	to help oneself
servez-vous ! [sɛrvevu]	help yourself!
froid, -e [frwa/-d]	cold
comment ça s'écrit ? [kɔmãsasekri]	how do you spell that?
dites ! [dit]	I say
avoir soif [...swaf]	to be thirsty
le calva [kalva]	calvados (apple brandy)
tout de suite [tutsɥit]	right away
de rien [dərjɛ̃]	you're welcome
à votre santé ! [avɔtrsãte]	cheers!
bonne chance ! [bɔnʃãs]	good luck!

les ustensiles de cuisine m pl [lezystãsil]	kitchen utensils
la cuillère [kɥijɛr]	spoon
le couteau [kuto]	knife
le verre [vɛr]	glass
la tasse [tas]	cup
la casserole [kasrɔl]	pan
le plat [pla]	serving dish
la poêle [pwal]	frying pan
la cuisine [kɥizin]	kitchen
le frigidaire [friʒidɛr]	fridge
le réfrigérateur [refriʒeratœr]	refrigerator
la cuisinière [kɥizinjɛr]	cooker
le four [fur]	oven
éplucher [eplyʃe]	to peel
mélanger [melãʒe]	to mix
cuire [kɥir]	to cook
faire cuire	to cook
mettre au four [mɛtrofur]	to put in the oven
servir chaud [sɛrvirʃo]	to serve hot
tiède m/f [tjɛd]	lukewarm
glacé, -e [glase]	ice-cold
l'état physique m [letafisik]	physical condition
j'ai chaud [ʒeʃo]	I'm hot
j'ai froid [ʒefrwa]	I'm cold
avoir besoin de... [...bəzwɛ̃]	to need
le souhait [ləswɛ]	wish
souhaiter [swɛte]	to wish
bon appétit ! [bɔnapeti]	have a nice meal!
bon courage ! [bɔ̃kuraʒ]	good luck! keep it up!
bon anniversaire ! [bɔnanivɛrsɛr]	happy birthday!
à la vôtre ! [alavotr]	here's to you! your health
l'explication f [lɛksplikasjɔ̃]	explanation
pardon ? [pardɔ̃]	excuse me? what? pardon?
comment ça se dit en français ? [kɔmãsasdiãfrãsɛ]	how do you say that in French?
ça se dit...	you say...
remplacer [rãplase]	to replace
connaître [kɔnɛtr]	to know

la fiche cuisine	recipe card
la farine	flour
le litre	litre *liter
une cuillerée à soupe de farine	a tablespoon of flour
une cuillerée à café de farine	a teaspoon of flour
le sel	salt
ajouter	to add
beurré	buttered
verser	to pour
la pâte	dough
retourner	to turn over
la louche	ladle
étaler	to roll out
le râteau	rake (here, a special utensil to make crepes)
la spatule	spatula

＊ ＊ ＊　　　　　　**＊ ＊ ＊**

Bilan 3

A
le studio [stydjo]
la poste [pɔst]
le disque [disk]

B
est-ce que je peux parler à Francine ?
d'où est-ce que tu m'appelles ?
ensuite [āsɥit]
travailler la guitare

C
le touriste
l'étranger *m*
surtout
se reposer
se soigner
les rhumatismes *m pl*
le bateau à voile
le bateau de
    pêche « langoustier »
pêcher
la langouste
les îles anglo-normandes
la Cornouailles anglaise
le port de commerce
le port de guerre
l'amiral *m*
combattre les Anglais
la bataille
se marier avec le
    dauphin de France
le repaire de corsaires
le trou
le trou de flibustiers
le nid
la tourmente
le somme
le granit
la cheminée
rêver
le mousse
l'épave *f*
l'amour *m*
allumer
quelquefois
le costume traditionnel
le miel
la cornemuse
long, longue
danser en ligne
en groupe

* * *

Review 3

studio apartment *bedsit
post office
record

can I speak to Francine?
where are you calling from?
then, next
to practice the guitar

tourist
foreigner
especially, above all
to rest
to take care of oneself
rheumatism
yacht *sailboat
lobster boat

to fish
spiny lobster
the Channel Islands
Cornwall
commercial port
naval harbor *harbour
admiral
to fight the English
battle
to marry the French dauphin

privateers' haunt
hole
lubber's hole
nest
tempest
deep sleep
granite
chimney
to dream
cabin boy
shipwreck
love
to light
sometimes
traditional costume
honey
bagpipes
long
danse in a line
danse in a group

* * *

④

4.1

déménager [demenaʒe]	to move
les enfants ! [lezɑ̃fɑ̃]	children
la nouvelle [nuvɛl]	news
annoncer [anɔ̃se]	to tell
être d'accord [ɛtrdakɔr]	to agree
on est bien ici [ɔ̃nɛbjɛ̃(n)isi]	we're fine here
moi non plus [mwanɔ̃ply]	me neither
d'abord [dabɔr]	first
deviner [dəvine]	to guess
en province [ɑ̃prɔvɛ̃s]	in the provinces (not in Paris)
le nord [nɔr]	the north
au nord [onɔr]	in the north
au sud [osyd]	in the south
c'est à combien de km de Paris ? [sɛtakɔ̃bjɛ̃...]	how many kilometers is it from Paris? *kilometres
environ [ɑ̃virɔ̃]	about
l'est m [lɛst]	the east
à l'est de Marseille [alɛst...]	east of Marseilles
pourquoi [purkwa]	why
parce que [parskə]	because
envoyer [ɑ̃vwaje]	to send
l'usine f [lyzin]	factory
la promotion [prɔmosjɔ̃]	promotion
l'ingénieur en chef m [lɛ̃ʒenjœrɑ̃ʃɛf]	chief engineer
devenir [dəvnir]	to become
qu'est-ce qu'elle deviendra ? [kɛskɛldəvjɛ̃dra]	what will she do?
être au chômage [ɛtroʃomaʒ]	to be unemployed
s'inquiéter [sɛ̃kjete]	to worry
le poste [pɔst]	post
les études f pl [lezetyd]	studies
le bac (baccalauréat) [bak]	"A" levels taken when one finishes high school
passer le bac	to take this exam
prochain, -e [prɔʃɛ̃/-ɛn]	next
la fac (ulté) [fak/-ylte]	faculty, college
le village [vilaʒ]	village
l'université f [lynivɛrsite]	university
dans la banlieue [dɑ̃labɑ̃ljø]	in the suburbs
le centre [sɑ̃tr]	centre
tout près [tuprɛ]	very near
la moto [mɔto]	motorcycle
le vélomoteur [velomɔtœr]	moped
le lycée [lise]	*high school, secondary school
je suis contre [ʒ(ə)sɥikɔ̃tr]	I am against
dangereux, -euse [dɑ̃ʒrø/-øz]	dangerous
conduire [kɔ̃dɥir]	to drive
les deux roues [ledøru]	two-wheel vehicles
vrai, -e [vrɛ]	true
avoir raison [avwarrezɔ̃]	to be right
réfléchir [refleʃir]	to think over

le travailleur [lətravajœr]	worker
l'employé, -e [lɑ̃plwaje]	employee
l'ouvrier m [luvrije]	worker (manual)
le cadre [ləkadr]	white-collar worker
le technicien [lətɛknisjɛ̃]	technician
l'artisan m [lartizɑ̃]	craftsman
le fonctionnaire [ləfɔ̃ksjɔnɛr]	*government employee civil servant
l'agriculteur m [lagrikyltœr]	farmer
l'entreprise f [lɑ̃trəpriz]	firm
l'administration f [ladministrasjɔ̃]	administration
EDF (Électricité de France)	French electricity board
PTT (Postes, Télégraphes, Téléphones)	G.P.O. (mail, telegraph, and telephone)
l'Éducation Nationale f [ledykasjɔ̃nasjɔnal]	National Education
la vie professionnelle [laviprɔfɛsjɔnɛl]	professional life
l'augmentation f [lɔgmɑ̃tasjɔ̃]	*raise rise
le salaire [ləsalɛr]	salary
passer de... à...	to go from... to...
la situation [lasitɥasjɔ̃]	position
l'emploi m [lɑ̃plwa]	job
le chômeur [ləʃomœr]	unemployed person

perdre son emploi [pɛrdr...]	to lose one's job
l'école primaire f [lekɔlprimɛr]	primary school
l'écolier, -ière [lekɔlje/-jɛr]	schoolboy, schoolgirl
le collège [kɔlɛʒ]	secondary school *junior high
le/la collégien, -gienne [kɔleʒjɛ̃/-ʒiɛn]	secondary school pupil *junior high student
le lycéen, la lycéenne [liseɛ̃/-ɛn]	secondary school pupil *high school student
la faculté des lettres [...delɛtr]	faculty of arts
la faculté de médecine [...dəmedsin]	faculty of medicine
la faculté de droit [...dədrwa]	law faculty
la faculté des sciences [...desjɑ̃s]	faculty of science
l'étudiant en lettres [letydjɑ̃ɑ̃lɛtr]	arts student
la date [ladat]	date
il y a 2 ans [iljadøzɑ̃]	two years ago
dans 2 ans [dɑ̃døzɑ̃]	in two years' time
les moyens de locomotion m pl [lemwajɛ̃dələkɔmosjɔ̃]	means of transport
l'auto f [loto]	automobile, car
la bicyclette [bisiklɛt]	bicycle
le train [trɛ̃]	train
le TGV (train à grande vitesse)	the fastest French Train
l'avion m [lavjɔ̃]	aeroplane *airplane
le bateau [bato]	boat
le taxi [taksi]	taxi
le bus [bys]	bus
l'autobus m [lɔtɔbys]	bus
le car [kar]	bus, coach
faire de la moto	to ride a motorcycle
l'orientation f [lɔrjɑ̃tasjɔ̃]	orientation
l'espace m [lɛspas]	space
dans le Midi	in the "Midi" (southern region of France)
la sortie [sɔrti]	exit
je suis pour [ʒəsɥipur]	I am for
faux, fausse [fo/fos]	wrong
avoir tort [avwartɔr]	to be wrong

passionnant, -e	fascinating
choisir	to choose
s'installer à	to settle in...
le terrain	site
l'hectare m	hectare (2.5acres)
en ce moment	currently
la merveille	marvel
l'ordinateur m	computer
servir	to serve
la banque	bank
le centre de recherches scientifiques	*centre of scientific research
le brevet	patent
le changement	change
grandir	to grow
intéressant, -e	interesting
par mois	monthly
être à l'heure	to be on time

4.2

le courrier [kurje]	mail
l'office de tourisme m [lɔfisdəturism]	tourist office
l'enveloppe f [lɑ̃vlɔp]	envelope
plaire [plɛr]	to please
recevoir [rəsəvwar]	to receive
le prospectus sur Montpellier [prɔspɛktyssyrmɔ̃pəlje]	brochure about Montpellier
les loisirs m pl [lwazir]	leisure activities
la route des vins [rutdevɛ̃]	wine route
la capitale [kapital]	capital
situé, -e à [sitɥe]	located in
au milieu de [omiljødə]	in the middle of
le vignoble [viɲɔbl]	vineyard
le visiteur [vizitœr]	visitor
le souvenir [suvnir]	memory
extraordinaire m/f [ekstraɔrdinɛr]	extraordinary
l'habitant m [labitɑ̃]	inhabitant
il fait beau [ilfɛbo]	the weather is lovely
toute l'année [tutlane]	all year round
le climat [klima]	climate
l'hiver m [livɛr]	winter

doux, douce [du/dus]	mild
il pleut [ilplø]	it rains
pleuvoir [pløvwar]	to rain
le printemps [prɛ̃tɑ̃]	spring
l'automne m [lotɔn]	autumn
le ciel [sjɛl]	sky
bleu, -e [blø]	blue
formidable [fɔrmidabl]	great
tout le temps [tultɑ̃]	all the time
bronzer [brɔ̃ze]	to get a tan
faire de la planche à voile [fɛrdlaplɑ̃ʃavwal]	to wind surf
en haut [ɑ̃'o]	at the top
en bas [ɑ̃ba]	at the bottom
l'autoroute f [lɔtɔrut]	motorway *freeway
la route [rut]	road
à droite [adrwat]	on/to the right
le cheval [ʃ(a)val]	horse
faire du cheval	to ride a horse
à gauche [agoʃ]	on/to the left
super ! [sypɛr]	super!

le temps [tɑ̃]	weather
le soleil [sɔlɛj]	sun
il y a du soleil	it's sunny
le soleil brille [ləsɔlɛjbrij]	the sun is shining
dégagé, -e [degaʒe]	cleared up
il fait mauvais [ilfɛmɔvɛ]	the weather is bad
il fait froid [ilfɛfrwa]	it's cold
il y a du vent [iljadyvɑ̃]	it's windy
il neige [ilnɛʒ]	it's snowing
l'orage m [lɔraʒ]	storm
le brouillard [brujar]	fog
le nuage [nɥaʒ]	cloud
gris, -e [gri/-z]	grey *gray
la carte météorologique [kartmeteorɔlɔʒik]	weather forecast
le bulletin météo [byltɛ̃meteo]	weather report
ensoleillé, -e [ɑ̃sɔleje]	sunny
variable m/f [varjabl]	variable
nuageux, -euse [nɥaʒø/-øz]	cloudy
couvert, -e [kuvɛr/-t]	overcast
la pluie [plɥi]	rain
la brume [brym]	mist
la neige [nɛʒ]	snow
l'averse f [lavɛrs]	shower
le mistral [mistral]	mistral
la tramontane [tramɔ̃tan]	tramontane (wind coming "over the mountains")
les saisons f pl [lesezɔ̃]	seasons
la localisation [lɔkalizasjɔ̃]	location
en dessous [ɑ̃d(ə)su]	below
au-dessous de [od(ə)sudə]	beneath
en dessus [ɑ̃d(ə)sy]	above
au-dessus de [od(ə)sydə]	on top of
entre [ɑ̃tr]	between
ça te plaît ? [sat(ə)plɛ]	do you like it?
c'est grand	it's big
amusant, -e [amyzɑ̃/-t]	amusing
chic ! [ʃik]	great! *neat!
terrible m/f [teribl]	terrific
désagréable m/f [dezagreabl]	impleasant
laid, -e [lɛ/-d]	ugly
ennuyeux, -euse [ɑ̃nɥijø/-øz]	boring
zut ! [zyt]	darn, damn
la barbe ! [barb]	what a bore!
ah non ! [anɔ̃]	oh no!

ancien, -ienne	very old
l'agronomie f	agronomy
la ville d'art et de science	city of art and science
la gare SNCF	train station, railway station
le climat méditerranéen	Mediterranean climate
le monument	monument
l'Arc de Triomphe	Arch of Triumph
le jardin des plantes	botanical gardens

41

4.3 la recherche [r(ə)ʃɛrʃ] — search
à la recherche de — searching for
la villa [villa] — house with garden *villa
assez grand, -e [asegrɑ̃/-d] — big enough
le rez-de-chaussée [redʃose] — ground floor
le séjour [seʒur] — living room
un étage [œ̃netaʒ] — floor
la salle de bains [saldəbɛ̃] — bathroom
la surface [syrfas] — surface area
elle fait quelle surface? [ɛlfɛkɛlsyrfas] — how big is it?
le centre commercial [sɑ̃trkɔmɛrsjal] — shopping center *centre
pratique m/f [pratik] — convenient
immédiatement adv [imedjatmɑ̃] — immediately
le locataire [lɔkatɛr] — tenant
partir [partir] — to leave
c'est tout droit? [sɛtudrwa] — is it straight ahead?
prenez la première à gauche [prənelaprəmjɛragoʃ] — take the first left
un peu plus loin [œ̃pøplylwɛ̃] — a little farther on
c'est sur la droite [sɛsyrladrwat] — it's on the right
voilà, nous y sommes! [vwalanuzisɔm] — here we are!
qu'est-ce que vous en pensez? [kɛskəvuzɑ̃pɑ̃se] — what do you think of it?
trouver bien [truvebjɛ̃] — to find (something) nice
le garage [garaʒ] — garage
facilement adv [fasilmɑ̃] — easily
exactement adv [egzaktəmɑ̃] — exactly
vous descendez à gauche [vudesɑ̃deagoʃ] — you go down towards the left
les feux m pl [...fø] — traffic lights
jusqu'à [ʒyska] — up to
vous allez jusqu'aux feux [vuzaleʒyskofø] — you go up to the traffic lights
vous tournez à droite [vuturneadrwat] — you turn right
le rond-point [lərɔ̃pwɛ̃] — traffic circle *round-about
c'est en face [sɛtɑ̃fas] — it's opposite *it's on the other side
le loyer [lɔlwaje] — rent
le loyer est de combien? — how much is the rent?
raisonnable m/f [rɛzɔnabl] — reasonable
bon, eh bien! — O.K., well
regretter [rəgrete] — to be sorry
la clé [kle] — key
je suis désolé, -e [...dezɔle] — I am sorry

l'appartement m [lapartəmɑ̃] — flat, *apartment
l'immeuble m [limœbl] — building
l'entrée f [lɑ̃tre] — entrance
le couloir [kulwar] — hall, corridor
la salle de séjour [saldəseʒur] — living room
la salle à manger [salamɑ̃ʒe] — dining room
le balcon [balkɔ̃] — balcony
la terrasse [teras] — terrace
les toilettes f pl [twalɛt] — toilets
les W.-C. m pl [levese,ledubləvese] — water closet
le lavabo [lavabo] — washbasin
la baignoire [beɲwar] — bath tub
louer [lwe] — to rent
la vente [vɑ̃t] — sale
le prix de vente [pridvɑ̃t] — selling price, *sale price
l'achat m [laʃa] — purchase
la location [lɔkasjɔ̃] — rental
l'ascenseur m [lasɑ̃sœr] — lift *elevator
le sous-sol [susɔl] — basement
ancien, -enne [ɑ̃sjɛ̃/-jɛn] — old
sombre m/f [sɔ̃br] — dark
bon marché m/f [bɔ̃marʃe] — cheap
clair, -e [klɛr] — bright, *light
le chemin [ʃmɛ̃] — way
demander son chemin — to ask one's way
pardon, pour aller à la gare? [pardɔ̃puralealagar] — excuse me, can you tell me the way to the station?
indiquer le chemin [ɛ̃dikeləʃmɛ̃] — to tell someone how to get to...
l'itinéraire m [litinerɛr] — itinerary, route
continuer [kɔ̃tinɥe] — to go on, *to continue
vous continuez jusqu'à... — you keep going until...
après les feux — after the traffic lights
vous traversez l'avenue — you cross the avenue
le boulevard — boulevard
gratuit, -e [gratɥi/-ɥit] — free

difficile *m/f* [difisil]	difficult
le plan [plã]	map
diriger [diriʒe]	to direct
le parking [parkiŋ]	carpark *parking lot
privé, -e [prive]	private
le quartier [kartje]	district, *quarter
calme *m/f* [kalm]	calm
le centre d'enseignement [...ãsɛɲəmã]	school
le centre culturel [ləsãtrkyltyrɛl]	cultural centre
rejoindre [rəʒwɛ̃dr]	to go and see
le propriétaire [proprietɛr]	owner

l'affaire *f* de la semaine	the best buy of the week
villa à louer	villa to rent, *house with garden to rent
proche *m/f*	nearby
la pièce	room

4.4

l'installation *f* [lɛ̃stalasjõ]	settling in
le camion [kamjõ]	van, lorry, *truck
le déménageur [demenaʒœr]	removal man, *moving man
le camion des déménageurs	removal van, *moving truck
la caisse [kɛs]	crate
le carton [kartõ]	cardboard box
à l'intérieur [alɛ̃terjœr]	inside
installer les meubles [ɛ̃stalelemœbl]	to arrange the furniture
se disputer [sədispyte]	to quarrel
le placard [plakar]	cupboard, *closet
garder [garde]	to keep
tu gardes la tienne [tygardlatjɛn]	you keep yours
plus grand, -e que [plygrã(d)kə]	bigger than
pareil, -eille [parɛj]	same, alike
autant que [otãkə]	as many as
de ce côté [dəsəkote]	on this side
de l'autre côté [dəlotrkote]	on the other side
arrêtez de vous disputer ! [areted(ə)vudispyte]	stop quarreling
rentrer les cartons [rãtrelekartõ]	to bring in the boxes
fort, -e [fɔr/-t]	strong
moins fort, -e que [mwɛ̃...]	not as strong as
lourd, -e [lur/-d]	heavy
porter [pɔrte]	to carry
l'armoire *f* [larmwar]	wardrobe
l'armoire ne passe pas	the wardrobe won't go through
étroit, -e [etrwa/-t]	narrow
par l'extérieur [parlɛksterjœr]	through the outside

le déménagement [demenaʒmã]	the removal
l'action *f* [laksjõ]	action
emménager [ãmenaʒe]	to move in
l'emménagement *m* [lãmenaʒmã]	the moving in
charger [ʃarʒe]	to load
décharger [deʃarʒe]	to unload
le rangement [rãʒmã]	putting in order
le mobilier [mobilje]	furniture
le lit [li]	bed
la table de nuit [tabldənɥi]	bedside table
l'étagère *f* [letaʒɛr]	shelf (shelves)
le contraire [kõtrɛr]	the opposite
court, -e [kur/-t]	short
léger, -ère [leʒe/-ʒɛr]	light
bas, basse [ba/-s]	low
plein, -e [plɛ̃/-ɛn]	full
différent, -e [diferã/-t]	different
la quantité [lakãtite]	quantity
se mettre à faire [səmɛtrafɛr]	to start to do/doing
continuer de faire [kõtinɥe...]	to go on to do/doing
arrêter de faire [arete...]	to stop doing

les meubles *m pl*	furniture
solide *m/f*	robust, *solid
utile *m/f*	useful

4.5

le méchoui [meʃui]	sheep roast
recevoir [rəsəvwar]	to entertain, to have guests
le mouton [mutɔ̃]	sheep
le couvert [kuvɛr]	knives and forks
présenter [prezɑ̃te]	to introduce
le service développement [sɛrvisdev(ə)lɔpmɑ̃]	development department
enchanté, -e de faire votre connaissance [ɑ̃ʃɑ̃tedəfɛrvɔtrkɔnɛsɑ̃s]	Pleased to meet you
je suis bien ici [ʒəsɥibjɛ̃nisi]	I like it here
heureusement adv	fortunately
mieux adv [mjø]	better
sûr, -e [syr]	sure
aller voir	to go and see
aller chercher	to go get *to go and fetch
également adv [egalmɑ̃]	also
couper [kupe]	to carve
le gigot [ʒigo]	leg of lamb
ça vous ça ? [savuva]	is that all right for you?
c'est parfait ! [sɛparfɛ]	it's perfect!
délicieux, -euse [delisjø/-øz]	delicious
bien meilleur, -e [bjɛ̃mɛjœr]	far better
excellent, -e [ɛksɛlɑ̃/-t]	excellent
déjà [deʒa]	already
malheureusement adv [malørøzmɑ̃]	unfortunately
pas encore [pazɑ̃kɔr]	not yet
la promenade [prɔmnad]	outing, trip
magnifique m/f [maɲifik]	magnificent
le parc national [parknasjɔnal]	national park
absolument adv [absɔlymɑ̃]	absolutely
par où on passe ?	how do we get there?
rapide m/f [rapid]	fast
la route la moins intéressante [larutlamwɛ̃zɛ̃terɛsɑ̃t]	the least interesting road
passer par	to go through
comme ça [kɔmsa]	that way
la gorge [gɔrʒ]	gorge
merveilleux, -euse [mɛrvɛjø/-øz]	marvellous *marvelous

la réception [resɛpsjɔ̃]	party, reception
l'invitation f [lɛ̃vitasjɔ̃]	invitation
faire les présentations [fɛrleprezɑ̃tasjɔ̃]	to make the introductions
discuter [diskyte]	to discuss
la discussion [diskysjɔ̃]	discussion
la sortie [sɔrti]	outing
la rivière [rivjɛr]	river
le lac [lak]	lake
splendide m/f [splɑ̃did]	splendid
la taille [taj]	size
il pèse le plus lourd [ilpɛzləplylur]	he weighs the most
le saut en hauteur [soɑ̃otœr]	high jump
sauter [sote]	to jump
mesurer [məzyre]	to measure
elle mesure 1,79 m	she is 1.79 meters tall *metres
l'haltérophilie f [lalterɔfili]	weight lifting
soulever [sulve]	to lift
le bulletin scolaire [byltɛ̃skɔlɛr]	school report, *report card
la moyenne [mwajɛn]	average
l'auto-stop m [lɔtɔstɔp]	hitch-hiking
le métro [metro]	underground, *subway
la station [stasjɔ̃]	station
la direction [dirɛksjɔ̃]	direction
le téléviseur couleur [televizœrkulœr]	colour television
la marque	brand
la fabrication [fabrikasjɔ̃]	make
le service après-vente	after sales service, *customer service
le son [sɔ̃]	sound
le résultat [rezylta]	result
l'appréciation f [lapresjasjɔ̃]	evaluation
le poste [pɔst]	television set

le circuit	tour
à proximité de	near
le cirque	amphitheatre *amphitheater
certains soirs	certain evenings
la nocturne	evening show
le site	site

* * *   *** * ***

Bilan 4   # Review 4

C

le centre historique	historical centre
bien des choses	quite a few things
particulier, -ière	private
l'hôtel particulier	mansion
qui font le charme de la ville	which create the charm of the city
le séjour	stay
sentir l'atmosphère f	to feel the atmosphere
se promener	to go for a walk
l'animation f	activity
le centre d'animation	centre of octivity
le château d'eau	water tower
dominant le sud de la ville	overlooking the south of the city
l'aqueduc m	aquaduct
l'arche f	arch
amener	to bring
occuper	to cover
souffrir	to suffer
au cours des âges	throughout the ages
la façade	facade
la tour	tower
la nef	nave
gothique m/f	gothic
méridional, -e	southern
faire la fierté de la ville	to be the pride of the city
le témoignage	testimony
le romantisme	romanticism
le réalisme	realism
le naturalisme	naturalism

* * *   *** * ***

EXERCISES

Unité 1, leçon 1

Exercice 1 : complétez

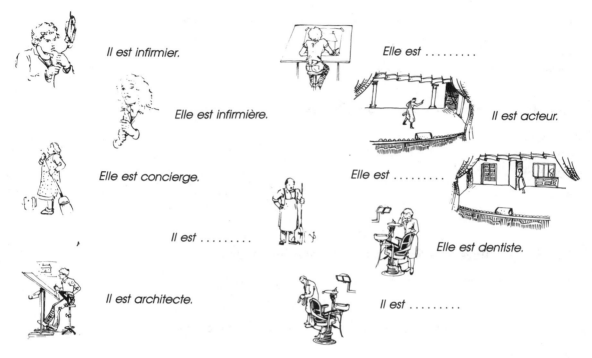

Il est infirmier.

Elle est ....

Elle est infirmière.

Il est acteur.

Elle est concierge.

Elle est ....

Il est ....

Elle est dentiste.

Il est architecte.

Il est ....

Exercice 2 : Ils se présentent

Complétez selon le modèle.

1	Je m'appelle Peter...	Je suis Irlandais...	J'ai 35 ans...
2			
3			
4			

Exercice 3 : Présentez-les selon le modèle.

n° 1   *Il s'appelle Peter. Il est dentiste à Dublin en Irlande. Il a ....*

n° 2   _____

n° 3   _____

n° 4   _____

Exercice 4 : Continuez selon le modèle.

Maria	23/11/1950	*Elle est née le 23 novembre 1950. Elle a ... ans.*
John	13/5/1943	Il ....
Deborah	14/7/1954	....
Ahmed	7/1/1957	

Exercice 5 : Écrivez les nombres en lettres.

2 deux	3	4	5 ....
12 douze	13	14	15 ....
20 vingt	30	40	50 ....
21	31	41	51 ....
22	33	44	55 ....

Exercice 6 : Rayez les lettres qui ne se prononcent pas.

PARIS,   BOULEVARD,   COURS,   VINGT,   TROIS,   SEPT

Exercice 7 : Dans quel mot la lettre « X » ne se prononce pas ?

deux   six   dix

Exercice 8 : Mettez S ou Z sous la lettre X selon sa prononciation.

dix   dix-sept   dix-huit   dix-neuf

Exercice 9 : Ajoutez les accords ou corrigez-les.

Marie est français...	Il est chinois...	Je suis bolivienne...
Elle est né le 12/1/1948...	Il est née le 27/9/1953...	Je suis né le 17/11/1951...
Elle est actrice...	Il est infirmière...	Je suis médecin...

Exercice 10 : Marquez les liaisons suivant le modèle.

J'ai vingt-cinq ans. J'habite à Paris.
Il s'appelle Alain. Elle est américaine.

Il est français. Il est étudiant. Il est tunisien.
Il est architecte. Je suis allemand. Elle est mexicaine.
Il s'appelle Alexandre. Elle est infirmière. Il s'appelle Henri.
Elle habite à Berlin.

Unité 1, leçon 2

Exercice 1 : Marquez les liaisons.

Quelle heure est-il? Il dit bonsoir à François.
Il est vingt-trois heures. Il dit au revoir au chef d'orchestre.

Exercice 2 : Mettez S ou Z sous la lettre X selon sa prononciation :

Six. Il est six heures.
Dix. Il est dix heures.

Exercice 3 : Soulignez la (ou les) lettre qui ne se prononce pas :

DANEMARK   AU REVOIR   ALLEMAND   MÉDECIN   MADEMOISELLE   ET DEMIE   BONNE NUIT.

Exercice 4 : Complétez selon le modèle avec le, la, l' :

Albert, coiffeur :   le coiffeur s'appelle Albert.   Jacques, pianiste : ....
Anna, journaliste : ....   Carmen, étudiante : ....

Exercice 5 : Complétez en employant le, la, l', **et** à, au, à la, à l' :

1. ....agent de police est dans .... rue. Il dit bonjour .... coiffeuse.
2. ....étudiante est devant ....école. Elle dit bonjour .... professeur.
3. .... chef d'orchestre est devant ....opéra. Il dit au revoir .... Jacques.
4. .... musicien est devant .... maison. Il dit bonsoir .... chef d'orchestre.
5. .... concierge est dans ....escalier. Il dit bonne nuit ....infirmière.

Exercice 6 : Lisez.

Le Venezuela.   Le Brésil.   L'Argentine.   La Hollande.
La Colombie.   La Nouvelle-Zélande.   L'Australie.

Complétez suivant le modèle.

Fernando est né au Venezuela. Il est vénézuélien

Maria .... Brésil. ....
Carmen .... Argentine. ....
Gréta .... Hollande. ....
Marco .... Colombie. ....
Marilyn .... Nouvelle-Zélande. ....
Gary .... Australie. ....

Exercice 1 : Rayez la lettre qui ne se prononce pas :

CONCERT   D'ACCORD   RESTAURANT   APRÈS-MIDI   BEAUCOUP

Exercice 2 : Marquez les liaisons :

Vous êtes libre ?   Est-ce que vous allez à l'Opéra ?
Est-ce que Jacques habite à Paris ?   Il travaille à huit heures.

Exercice 3 : Regardez les dessins ou les documents et complétez.

Giovanni FERRERI
Médecin   Rome

1. Est-ce que Giovanni habite à Paris ?
   Non, il .... pas .... Paris.
   Il .... Rome.

2. Est-ce qu'elle va à Nîmes ?
   Non, ...
   Elle ....

3. Est-ce que tu dînes avec Alice ?
   Non, ...
   .... Pierre.

4. Est-ce qu'il travaille à la radio ?
   Non, ...
   .... la télévision.

5. Est-ce que vous allez à Paris ?
   Non, ...
   .... Dijon.

Exercice 4 : Complétez.

1. .... tu vas à l'Opéra ?
2. Il n'......... .... libre le mardi.
3. Le lundi, je .... travaille ....
4. Vous .... venir à 3 h ? — Non, ... peux ....
5. Elle .... s'appelle .... Marie, ... appelle Marianne.
6. Est-ce que .... née .... Irlande ?
   — Non, je .... Canada.

Exercice 5 : Complétez selon le modèle.

Jacques : journaliste / pianiste.
(ÊTRE) Est-ce que Jacques est journaliste ? Non, il n'est pas journaliste. Il est pianiste.

          1. Maria-Isabel : étudiante / professeur.
(ÊTRE)   . . . . ? Non, ...

          2. Andrew : Glasgow / Edimbourg
(TRAVAILLER) . . . . ? Non, ...

          3. Carlos : Madrid / Barcelone.
(ÊTRE NÉ)   . . . . ? Non, ...

          4. Abdou : Abidjan / Dakar
(HABITER)   . . . . ? Non, ...

          5. Marilyn : concert / cinéma
(ALLER)   . . . . ? Non, ...

Exercice 6 : Continuez selon le modèle.

— A 10 h 15 il est à l'école Sans Frontières.
  Il dit : il est dix heures et quart.
— A 12 h 30 il est . . . .
  Il dit : il est . . . .
— A 16 h 45 il est . . . .
  Il dit : il est . . . .
— A 18 h il est . . . .
  Il dit : il est . . . .
— A 20 h 55 il est . . . .
  Il dit : il est . . . .

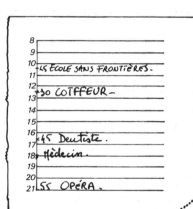

Unité 1, leçon 4

Exercice 1 : Continuez comme dans le modèle, en employant UN ou UNE :

vouloir : café / cigarette
— Est-ce que vous voulez un café ?
— Non, je veux une cigarette.

1. travailler avec : Espagnol / Italienne
2. écouter : actrice / acteur
3. aller chez : coiffeur / coiffeuse
4. travailler avec : photographe / musicien
5. vouloir : infirmière / infirmier

Exercice 2 : Choisissez un verbe et transformez les phrases comme dans l'exemple.

Il aime ALLER à la montagne.

regarder	écouter
déjeuner à, au	jouer
travailler à, au	aller à, au

1. Il aime la montagne.
2. Elle n'aime pas le restaurant.
3. J'aime la radio.
4. Elle préfère la campagne.
5. Il déteste la télévision.
6. J'adore le tennis.

Exercice 3 : Continuez suivant le modèle :

Luc : le football / le tennis
→ *Luc n'aime pas le football. Il préfère le tennis.*

1. Gérard : le disco / le rock
2. Catherine : le classique / le jazz
3. Charles : aller au concert / aller au cinéma

4. Geneviève : boire / manger
5. Claudia : lire / écouter la radio
6. Jean-Paul : aller à / la montagne / la mer

Exercice 4 : Mettez l'article LE ou LA (quand nécessaire) :

Il déteste
.... boire ..
.... café ..
.... travailler ..

Il adore
.... mer ..
.... fumer ..
.... sport ..

Elle aime
.... tennis ..
.... voyager ..
.... musique ..

Elle n'aime pas
.... football ..
.... dormir ..
.... manger ..

Exercice 5 : Terminez les phrases de A avec les mots de B.

Attention ! Plusieurs réponses sont possibles.

A	B
Est-ce que vous voulez	l'aéroport
Aimez-vous	une cigarette
Je suis	libre
Elle n'est pas	épeler
Il va à	journaliste
Pouvez-vous	lundi
Qu'est-ce que vous faites	le cinéma

Exercice 6 : Complétez A avec les mots de B.

Attention ! Plusieurs réponses sont possibles.

A	B
Quel .... préfères-tu ?	heure
Quelle .... est-il ?	jour
Quel .... êtes-vous libre ?	hôtel
Quelle .... habitez-vous ?	restaurant
	sport
	rue

Exercice 7 : Posez les questions et notez les réponses comme dans les exemples.

aime un peu	+	n'aime pas beaucoup	−
beaucoup	++	pas du tout	− −
adore	+++	déteste	− − −

1 : *Regarder la télévision /*

— Vous aimez regarder la télévision ?

— Elle adore la télévision.

2 : *Jouer au tennis /*

— Vous aimez jouer au tennis ?

— Il n'aime pas le tennis.

1. Lire /
2. Aller au cinéma /
3. Écoutez la radio /
4. Fumer /
5. Faire du sport /
6. Travailler le soir /
7. Aller à l'Opéra /

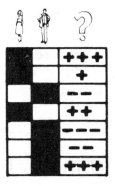

Unité 1, leçon 5

Exercice 1 : Mettez au pluriel les mots soulignés :

1. Voulez-vous une cigarette ?
2. Elle joue une œuvre de Chopin.
3. Un étudiant est en retard.
4. Je travaille avec une journaliste.
5. Un voisin vient dîner.
6. Voici une fiche d'inscription.

Exercice 2 : Continuez selon le modèle.

femme / blonde
« — Je vois une femme. Elle est blonde. »
— Elle voit une femme blonde !

1. homme / jeune.
2. violoniste / brune.
3. agent de police / antipathique.
4. infirmière / souriante.

Exercice 3 : Faites des phrases comme dans le modèle (accordez les adjectifs).

une pianiste (brun)
— Il y a une pianiste brune dans l'orchestre ?
— Oui, la pianiste est brune.

1. une flutiste (petit)
2. des violonistes (jeune)
3. une harpiste (roux)
4. des trompettistes (vieux)
5. un violoncelliste (blond)
6. une guitariste (blond)

Exercice 4 : Complétez selon le modèle.

1. *Il est infirmier.*

2. *Elle est infirmière.*

3. *Ils sont infirmiers.*

4. *Elles sont infirmières.*

1. Il est musicien.

4. Elles ....

1. Il est coiffeur.

3. ....

2. Elle est concierge.

1. ....

3. Ils sont musiciens.

2. ....

2. ....

4. ....

3. ....

4. ....

Exercice 5 : Écrivez le verbe à la forme qui convient et ajoutez AU, À LA, À L', AUX **comme dans le modèle.**

les musiciens / ALLER / répétitions.
→ *Les musiciens vont aux répétitions.*

1. Vous / VENIR / campagne ? 2. Ils ne / PARLER / voisins. 3. A midi, elle / ALLER / restaurant.
4. Il / ARRIVER / aéroport à 10 heures. 5. Je n' / AIMER / pas arriver en retard / opéra.

Unité 2, leçon 1

Exercice 1 : Posez les questions avec QU'EST-CE QUE C'EST ? **ou** QUI EST-CE ? **et répondez, comme dans le modèle.**

une machine
— *Qu'est-ce que c'est ? — C'est une machine.*

1. un musicien.	4. des secrétaires.	6. des étudiants.	9. un classeur.
2. des musiciens.	5. des lettres urgentes.	7. le directeur technique.	10. M. Arnaud.
3. la sonnerie de midi.		8. des fichiers.	

Exercice 2 : Faites des phrases comme dans le modèle.

Mme Dupont : secrétaire / P.-D.G.
→ *Mme Dupont n'est pas secrétaire ; elle est P.-D.G.*

1. Jacques Martineau : chef d'orchestre / pianiste.

2. M. Martens et Mme Delort : ingénieurs / secrétaires.

3. Vivienne Barillon : musicienne / journaliste.

4. Mme Delort et Mme Richaud : secrétaires de M. Henrion / secrétaires de M. Arnaud.

Exercice 3 : C'EST / CE N'EST PAS. **Faites des phrases comme dans le modèle.**

nouvelle machine / machine électrique.
→ *C'est une nouvelle machine mais ce n'est pas une machine électrique.*

1. directeur / directeur des ventes. 2. fiche / fiche d'inscription. 3. musicien / musicien de jazz.
4. nouvelle secrétaire / secrétaire de direction. 5. acteur / acteur de cinéma.

Exercice 4 : Avec les mots de A, B et C, écrivez huit phrases suivant le modèle.

C'est une vieille maison

		A	B	C
C'est	un		vieux vieille vieil beau	aéroport
	une		belle bel nouveau nouvelle nouvel	stylo maison

Exercice 5 : Posez les questions qui donnent les réponses suivantes, comme dans le modèle.

Je suis M. Tardi / Qui êtes-vous ?

1. Le nouveau concierge ? C'est M. Lantier. . . . .
2. C'est un violon. . . . .
3. Non, ce ne sont pas des étudiants. . . . .

4. Nous sommes M. et Mme Fabre. . . . .
5. C'est Jacques Martineau, le pianiste. . . . .
6. Le chef ? C'est Joseph Lorentz. . . . .

Exercice 6 : Quelle question pose le personnage A ?

A

A

A

Exercice 7 : Répondez aux questions suivantes.

1. Qui est Mme Delort ?
2. Qui est Mme Richaud ?
3. Est-ce que Mme Delort est blonde ?
4. Le chef des ventes, qui est-ce ?

5. Quel bureau Mme Delort a-t-elle ?
6. Il y a un travail pour Mme Delort. Qu'est-ce que c'est ?
7. Qu'est-ce qu'il y a dans le tiroir ?
8. Est-ce que Mme Richaud déjeune au bureau ?

Unité 2, leçon 2

Exercice 1 : Qu'est-ce qu'il prend ? Répondez en employant DU, DE LA, DE L', DES.

Exercice 2 : Complétez les réponses du directeur.

	L'employé :	le directeur :
Je voudrais	un stylo.	Il n'y a pas . . . .
	un téléphone.	. . . .
	du papier.	. . . .
	une machine à écrire.	. . . .
	du carbone.	. . . .
	des crayons.	. . . .
	une secrétaire.	. . . .
	du travail !	. . . .

Exercice 3 : Répondez et complétez selon le modèle (+, − voir page 38).

Pierre, veux-tu . . . . frites ? (+)
Pierre, veux-tu des frites ? Oui, j'aime les frites.
Helmut, ... poulet ? (− − −)
Helmut, veux-tu du poulet ? Non, je déteste le poulet.

1. Sarah, ... steak ? (−)
2. Carlos, ... salade ? (+++)
3. Ahmed, ... yaourts ? (++)
4. Marilyn, ... crème caramel ? (−−)
5. Alex, ... fruits ? (++)

Exercice 4 : Complétez les bulles avec DU, DE LA, DES **et** LE, LA, LES.

Exercice 5 : Complétez en employant LE, LA, LES, L' / DU, DE LA, DES, DE L'.

1. Je voudrais . . . . café. Tu aimes . . . . café ?
2. Est-ce qu'il y a . . . . fruits ? Oui, ... fruits sont sur la table.
3. J'aime bien . . . . biscottes. Il n'y a pas . . . . biscottes.
4. J'adore . . . . thé ! Mais il n'y a pas . . . . thé ici.

5. Je voudrais .... papier. .... papier est dans le tiroir.

6. Il y a .... fromage ? Oui, ... fromage est là, dans le frigo.

7. Est-ce que tu veux .... thé ? .... thé est prêt ?

8. Je voudrais .... vin. .... vin est sur la table.

9. Est-ce qu'il y a .... bière ? Oui, ... bière est dans le frigo.

Exercice 6 : Répondez par vrai ou faux et corrigez les erreurs.

1. Mme Richaud et Mme Delort déjeunent au bureau.
2. Le restaurant est cher.
3. Aujourd'hui, le plat du jour c'est un steak-frites.
4. Mme Delort prend un plat du jour.
5. Avec le steak il y a du riz.

6. Mme Delort ne veut pas de vin.
7. Elles prennent une bouteille de bière.
8. Mme Delort est divorcée.
9. Elle habite seule à Évry.
10. Elle veut bien dîner chez les Richaud samedi.

Unité 2, leçon 3

Exercice 1 : Notez les syllabes (phonétiques) comme dans l'exemple :

bouche-rie   côte-lettes

samedi épicerie charcuterie droguerie boulangerie pâtisserie papeterie confiserie médecin

Exercice 2 : Rayez les lettres qui ne se prononcent pas :

PORC   TABAC   RIZ   PRIX

Exercice 3 : Écrivez le féminin des mots suivants :

un marchand	....	un veuf	....	un boucher	....
un acheteur	....	un buraliste	....	un directeur	....
un droguiste	....	un vendeur	....	un divorcé	....
un secrétaire	....	un pharmacien	....		

Exercice 4 : Écrivez les dialogues comme dans le modèle :

— *Combien pèse le rôti de porc ?*
— *Il pèse 1,2 kg.*
— *Combien coûte-t-il ?*
— *Il coûte 52 F.*

 1 Kg ; 4 Fr.

 1,8 Kg ; 45 Fr.

 1,2 Kg ; 52 Fr.

 900 gr. ; 48 Fr.

2,1 Kg ; 80 Fr.

Exercice 5 : Répondez aux questions suivantes sur le texte.

1. Qui est devant la boucherie ?
2. Qu'est-ce que Mme Richaud veut acheter ?
3. Qui vient dîner chez les Richaud samedi ?
4. Que prend Mme Richaud pour le dîner de samedi ?
5. Est-ce que M. Richaud peut payer ?

Unité 2, leçon 4

Exercice 1 : Qu'est-ce qu'il faut faire ? Écrivez comme dans l'exemple :

Il faut ranger la chambre.

. . . .

. . . .

Exercice 2 : Qu'est-ce qu'il n'a plus... qu'est-ce qu'elle n'a plus... Notez les différences entre A et B.

Le gros monsieur n'a plus . . . .
La dame brune n'a plus . . . .

Exercice 3 : Posez la question (A qui est... ? A qui sont... ?) et répondez comme dans l'exemple.

A qui est la cravate ?
— Cette cravate ? Elle est à son père !

Continuez avec le chapeau, la robe,
les chaussures, le violon et le sac à main.

Exercice 4 : Répondez comme dans l'exemple :

La nouvelle secrétaire, c'est vous ? Oui, c'est moi.

1. Il est avec sa sœur ? Oui, ...
2. A qui est ce blouson ? A Gilles ? Oui, ...
3. Tu viens avec moi ? Oui, ...

4. Didier, tu manges avec Isabelle ? Oui, ...
5. Est-ce que Gilles travaille avec toi ? Oui, ...
6. Sophie habite chez sa grand-mère ? Oui, . . .

Exercice 5 : Complétez les phrases.

1. . . . . Didier . . . . ? — Oui, il est chez moi.
2. . . . . Paul . . . . sa sœur ? Oui, il joue avec . . . .
3. . . . . habite chez sa mère ? — Non, elle . . . .
4. Est-ce que tu parles à Jérôme ? — Non, je . . . .
5. Vous venez chez moi ? — D'accord, on vient . . . .

Exercice 6 : (Phonétique)

Relevez les liaisons dans le texte et notez-les comme dans l'exemple :

1. Il faut ranger ces‿affaires.

2. . . . .
3. . . . .
4. . . . .
5. 6. et 7. . . . .
8. . . . .
9. et 10. . . . .
11. . . . .
12. . . . .
13. . . . .
14. . . . .

Exercice 7 : Répondez vrai ou faux et corrigez les erreurs.

1. Didier est dans sa chambre.
2. Il y a du travail pour Didier dans le salon.
3. Ce soir, les Richaud dînent chez des amis.
4. La directrice de Mme Richaud vient dîner ce soir.
5. Le pull est à la sœur de Didier.
6. L'appareil photo est à Didier.
7. Didier a un blouson de cuir.
8. M. Richaud fume des cigarettes brunes.
9. Didier a des cigarettes et des allumettes dans son blouson.

Unité 2, leçon 5

Exercice 1 : **Continuez selon le modèle en employant** son, sa, ses, leur **ou** leurs... (copain, copine...).

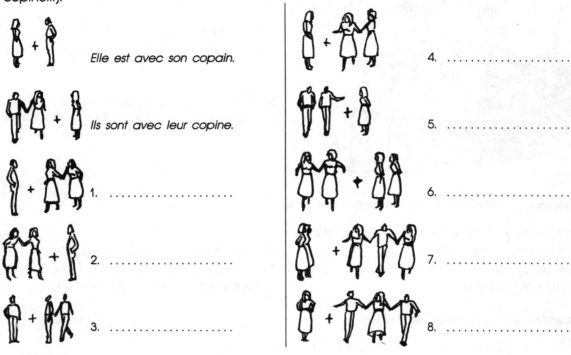

Elle est avec son copain.

Ils sont avec leur copine.

1. . . . .

2. . . . .

3. . . . .

4. . . . .

5. . . . .

6. . . . .

7. . . . .

8. . . . .

Exercice 2 : Posez la question, comme dans le modèle.

J'ai rendez-vous chez mon dentiste. Et vous, est-ce que vous avez rendez-vous chez votre dentiste ?

1. Je déjeune chez mes amis. Et vous ? . . . .

2. Nos enfants travaillent dans leur chambre. Et vos enfants ? . . . .

3. J'habite chez mes parents. Et elles ? . . . .

4. Elles déjeunent avec leurs collègues. Et nous ? . . . .

5. Ils commencent leur répétition. Et nous ? . . . .

6. J'adore mon travail. Et vous ? . . . .

Exercice 3 : Faites une phrase comme dans l'exemple :

C'est vrai !
Ce stylo est à lui, pas à elle.

. . . .

. . . .

46

. . . .

Exercice 4 : (Phonétique)

a) Classez les mots suivants en fonction de la prononciation de la lettre O ([o] ou [ɔ]) :

Delort, abricot, moderne, collègue, vos, Sophie, orange, pomme, gros.

prononciation [o] : . . . .

prononciation [ɔ] : . . . .

b) Relevez les liaisons du texte et notez-les comme dans l'exemple :

1. . . . .   2. et 3. *C'est une ville agréable.*
4. et 5 . . . .   6. . . . .
7. . . . .   8. . . . .

Exercice 5 : Répondez vrai ou faux ? et corrigez les erreurs.

1. Mme Delort s'appelle Sophie.
2. Sophie n'aime pas Évry.
3. Évry est une ville très moderne.
4. Mme Delort est mécontente de son travail.
5. Mme Delort n'a pas d'enfants.
6. Son fils vit chez elle.
7. Les enfants des Delort ne sont pas dans le salon.
8. A l'apéritif, on peut boire de l'alcool et des jus de fruit.
9. Il y a beaucoup de jus de fruit chez les Richaud.
10. M. Richaud est représentant en jus de fruit !

Unité 3, leçon 1

Exercice 1 : Remplacez les noms par des pronoms comme dans l'exemple.

Ex : *Anne demande un renseignement à la fermière.*
Elle lui demande un renseignement.

Attention

Elle 1	demande un renseignement 2	à la fermière. 3

Elle 1	lui 3	demande un renseignement. 2

1	2	3
Marie Paul et Françoise Je Jacques Roger	écrit une lettre parlent parle achète des gâteaux apprend l'anglais	à ses parents. à Jacques et à moi. à Jacques et à toi. à ses enfants. à son mari.

1	3	2
Elle	. . . .	. . . .
. . . .	. . . .	. . . .

Exercice 2 : Continuez suivant le modèle :

— *Il demande du papier carbone.*
— *A qui ? A toi ?*
— *Oui, il me demande du papier carbone.*

1. — Je veux dire merci.
— A qui ? A moi ?

— Oui, ...

2. — La dame demande le programme.
— A qui ? A toi ?

— Oui, ...

3. — Il dit de faire attention à l'appareil photo.
— A qui ? A sa femme ?

— Oui, ...

4. — Ils ne veulent pas parler.
— A qui ? A Pierre ?

— Oui, ...

5. — Elle demande de ranger le salon.
— A qui ? Aux enfants ?

— Oui, ...

6. — Il veut vendre sa machine à écrire.
— A qui ? A nous ?

— Oui, ...

7. — Il écrit une lettre.
— A qui ? A ses amies ?

— Oui, ...

Exercice 3 : Répondez comme dans l'exemple :

Je vais au cinéma ! Et elle ? — Elle, elle va au théâtre !

1. Elle fume des américaines. Et lui ? (des anglaises) — . . . .
2. Il a vingt-deux ans. Et elle ? (vingt-cinq) — . . . .
3. Nous habitons New York. Et vous ? (Mexico) — . . . .
4. Je parle anglais et allemand. Et toi ? (anglais et russe) — . . . .
5. Elle est libre à 5 h. Et eux ? (6 h et demie) — . . . .
6. Il range le salon. Et moi ? (la chambre) — . . . .
7. Nous nous arrêtons ici. Et vous ? (là-bas) — . . . .
8. Nous campons dans un champ. Et elles ? (dans un camping) — . . . .

Exercice 4 : Complétez.

1. — . . . . . est-ce qu'on . . . . acheter
du pain ? — Il y a . . . . à 500 m.

2. — . . . . est-ce que . . . . venez ?
— Nous . . . . de Lausanne.

3. — . . . . est-ce que . . . . ?
— . . . . allons en Espagne.

4. — . . . . il y a un terrain de
camping ici ? — Oui, le . . . . 3 km.

5. — . . . . viennent-ils ?
— . . . . Irlande.

6. — . . . . on s'arrête ?
— Ici. C'est bien, cet endroit.

Exercice 5 : (Phonétique)

Relevez les mots du texte (15 mots) qui ont le son [ã].

Comment s'écrit le son [ã] dans ces mots ?

1 . . . .   2 . . . .   3 . . . .   4 . . . .

Exercice 6 : En français, les mots terminés par E sont en général féminins. Mais il y a de nombreuses exceptions. Classez ces mots suivant leur genre :

carbone, siège, crème, seconde, mère, imperméable, téléphone, beurre, fromage, timbre, sucre, frère, bouteille, veste, tente, tante, arbre, kilomètre, confiture, père, verre, légume, article, corbeille, chèque, bière, livre, chambre, entrée, épicerie.

Exercice 7 : Répondez aux questions suivantes sur le texte :

1. Pourquoi est-ce que les campeurs s'arrêtent ?
2. A qui est-ce qu'ils demandent l'autorisation de camper ?
3. Où est-ce qu'il y a un terrain de camping ?
4. Est-ce que le terrain de camping est loin ?
5. Est-ce que les campeurs sont français ?
6. D'où viennent-ils ?
7. Est-ce que le fermier leur permet de camper chez lui ?
8. Où est-ce qu'ils peuvent monter leur tente ?
9. A quoi est-ce que le fermier leur demande de faire attention ?

Unité 3 leçon 2

Exercice 1 : Répondez en employant des impératifs, comme dans l'exemple.

Monsieur, est-ce qu'on peut camper sous les arbres ?
— Oui, campez sous les arbres !

1. Chérie, on prend un apéritif ? — Oui, ...
2. Qu'est-ce que je fais ? Du café ? — Oui, ...
3. A quelle heure est-ce qu'on déjeune ? A midi ? — Oui, ...
4. Papa, je t'attends ici ? — Oui, ...
5. On vient chez vous à 9 h ? — Oui, ...
6. Les enfants, on va à la plage ? — Oui, ...
7. Anne, je viens avec vous ? — Oui, ...
8. Qu'est-ce que je peux manger ? Un fruit ? — Oui, ...

Exercice 2 : Complétez avec à, au, en, chez, dans, devant et continuez comme dans l'exemple :

Il va... Opéra ? Il va à l'Opéra ? Oui, il y va !

1. Il va . . . . . . sa grand-mère ? — Oui, ...
2. Elle habite . . . . . . Paris ? — Oui, ...
3. Il est né . . . . . . France ? — Oui, ...
4. Vous déjeunez . . . . restaurant ? — Oui, ...
5. Ils campent . . . . . le champ du voisin ? — Oui, ...
6. Tu t'arrêtes . . . . . . la maison ? — Oui, ...
7. Ils vont . . . . . . la répétition ? — Oui, ...

Exercice 3 : Répondez comme dans l'exemple :

Vous jouez de la flûte ? — Oui, j'en joue.

1. Il lit des livres ? — Oui, ...
2. Elle prend du whisky ? — Oui, ...
3. Tu attends des nouvelles ? — Oui, ...
4. Il mange de la salade ? — Oui, ...
5. Vous faites du café ? — Oui, ...

6. Il a besoin du cric ? — Oui, ...
7. Il vend des chaussures ? — Oui, ...
8. J'oublie des noms ? — Oui, ...
9. Tu as besoin des allumettes ? — Oui, ...
10. Vous voulez du papier ? — Oui, ...

Exercice 4 : Employez l'impératif comme dans l'exemple :

Il a besoin de pain. Il dit à son fils d'aller à la boulangerie : « Va à la boulangerie. »

1. Ils veulent déjeuner ensemble. Elle dit à son mari d'aller au restaurant : « .... »
2. Luc veut changer la roue avec Alain. Il lui dit : « .... »
3. Alain est en voiture avec ses amis. Il leur dit de s'arrêter ici : « .... »
4. M. Richaud va faire les courses. Sa femme lui dit de prendre des tomates : « .... »
5. Il faut gonfler les matelas. Alain dit aux filles : « .... »
6. Il y a une fête. Luc veut y aller avec ses amis. Il leur dit : « .... »

Exercice 5 : Notez les phrases dans lesquelles EN et Y indiquent un lieu :

Elle y habite. Non, je n'en mange pas. J'y pense. Ils en viennent. Oui, et j'en joue.
Nous y déjeunons le lundi. Je n'y travaille plus.

Ensuite, avec les phrases où EN et Y ne sont pas des lieux, répondez aux questions :

1. Et tes vacances ?   2. Vous avez un piano ?   3. Tu veux du poisson ?

Exercice 6 : Répondez par un impératif et en employant EN et Y, comme dans le modèle :

Je peux aller au cinéma ? — Oui, vas-y.
*   — Non, n'y va pas.*

1. On prend du whisky ? — Oui, ...
   — Non, ...
2. Papa, on peut faire du feu ? — Oui, ...
   — Non, ...

3. Luc, j'achète du pain ? — Oui, ...
   — Non, ...
4. Chérie, on prend des coquillages ? — Oui, ...
   — Non, ...
5. On va à la plage ? — Oui, ...
   — Non, ...

Exercice 7 : (Phonétique).

a) Relevez les liaisons du texte (il y en a 9) et notez-les comme dans l'exemple :

1. *la roue arrière est à plat*
2. ....
3. ....
4. ....
5. ....
6. ....
7. ....
8. ....
9. ....

b) Rayez les lettres qui ne se prononcent pas.

ZUT   OUF   PRENDS   A PLAT   MATELAS   CRIC   D'ACCORD   MORLAIX   ROSCOFF

Exercice 8 : Répondez aux questions suivantes sur le texte.

1. Pourquoi est-ce qu'Alain change la roue ?
2. Que fait Marie-Claude ?
3. Que fait Luc ?
4. Est-ce qu'il reste des cigarettes ? De la bière ?
5. Est-ce qu'Alain arrive à desserrer la roue ?

6. Pourquoi est-ce que les filles vont à St-Pol ?
7. Avec qui vont-elles à St-Pol ?
8. Pourquoi elles n'y vont pas avec leur voiture ?
9. Que conseille la fermière aux campeurs ?
10. Qu'est-ce qu'il y a ce soir à Roscoff ?

Unité 3 leçon 3

Exercice 1 : La fermière raconte : Mettez les verbes entre parenthèses au passé composé avec être ou avoir :

Des campeurs suisses . . . . (arriver) cet après-midi. Ils . . . . (s'arrêter) devant la ferme et nous . . . . (demander) l'autorisation de camper ici. Ils . . . . (monter) leur tente sous les arbres. Ils . . . . (venir) avec moi à St-Pol. Nous . . . . (faire) des courses. Je leur . . . . (donner) des renseignements sur la région. Et ce soir, ils . . . . (aller) à la fête de Roscoff.

Exercice 2 : Regardez l'agenda de Marc. Qu'est-ce qu'il a fait lundi... mardi..., etc. ?

Lundi, *il est allé chez le dentiste.*

Mardi, ...

Mercredi, ...

Jeudi, ...

Vendredi, ...

Samedi, ...

Dimanche, ...

LUNDI	DENTISTE
MARDI	Dîner avec Lucie
MERCREDI	RÉPARER LA VOITURE
JEUDI	Acheter chaussures
VENDREDI	RANGER LE BUREAU !
SAMEDI	TENNIS
DIMANCHE	MATCH FOOT À LA TÉLÉ

38

Exercice 3 : Qu'est-ce qu'ils ont fait ?

Décrivez chaque dessin en employant un passé composé :

Il a rangé sa chambre.

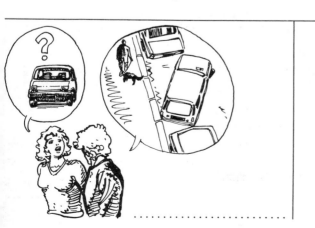

. . . .

.... | .... | ....

.... | ....

Exercice 4 : Répondez en employant Y avec le passé composé, comme dans le modèle :

— *Vous connaissez la Suisse ? (aller)*
— *Oui, j'y suis allé.*

1. — Tu connais ce restaurant ? (déjeuner)
— Oui, ...

2. — Vous connaissez la Bretagne ? (camper)
— Oui, ...

3. — Elles connaissent l'Opéra de Paris ? (aller)
— Non, ...

4. — Tu connais Dijon ? (habiter)
— Oui, ...

5. — Vous connaissez l'Hôtel du Nord ? (dormir)
— Oui, nous ....

Exercice 5 : Posez des questions sur les mots soulignés, comme dans le modèle :

Anne et Alain sont retournés à la voiture.
Question : *Qui est retourné à la voiture ?*

Ils sont allés à la fête.
Question : *Où est-ce qu'ils sont allés ?*

1. Pierre a lu « Les Mystères de Paris ».   Question : ....

2. Ils se sont retrouvés au Café du Port.   Question : ....

3. Elle a téléphoné à Luc.   Question : ....

4. Les campeurs sont allés au village.   Question : ....

5. Sa voiture a coûté 12 000 F.   Question : ....

6. J'ai demandé au fermier.   Question : ....

7. Ils ont écrit de Rome.   Question : ....

8. Elle a acheté des côtelettes pour six personnes.   Question : ....

9. Il est venu avec sa famille.   Question : ....

10. Ils ont changé la roue.   Question : ....

Exercice 6 : Mettez le verbe entre parenthèses à la forme qui convient, avec ou sans RE-, comme dans le modèle :

— *Tu as bu ton café ? — Oui, et je voudrais en .... (prendre)*
> — *Oui, et je voudrais en reprendre.*
— *Tu as acheté du pain ? — Non, je n'en ai pas .... (prendre)*
> — *Non, je n'en ai pas pris.*

1. J'ai beaucoup aimé ce film. Je veux le .... (voir)
2. Il y a un match à la télé. Je veux le .... (voir)
3. Je n'ai pas compris ....-moi votre nom. (dire)
4. Je lui ai demandé l'autorisation de camper. Il m'a .... oui. (dire)
5. Je voudrais du thé. Tu peux en .... (faire) ?
6. Vous voulez encore du thé ? Je peux vous en .... (faire)
7. Est-ce que je peux........ un disque ? (mettre)
8. Tu as aimé ce disque ? Je le .... ? (mettre)

Exercice 7 : Luc raconte la fête à Roscoff. Écrivez sa lettre, à l'aide des indications suivantes. Relisez le texte.

fête à Roscoff	Nous sommes allés à la fête à Roscoff.
garer la voiture	Alain a garé ....
oublier sac et appareil photo	Anne a oublié ....
retourner	Alain et Anne ....
se retrouver	Nous nous ....
à 17 h, écouter concours de chant	Nous avons ....
à 18 h, apéritif	....
à 19 h, concours de danses	....
une dame de Nice...	....
sa chanson	....
à 21 h, Fest-Noz	....

Exercice 8 : Répondez aux questions suivantes sur le texte.

1. Où est-ce qu'Alain a garé la voiture ?
2. Pourquoi est-ce qu'il faut retourner à la voiture ?
3. Pourquoi est-ce qu'Alain n'est pas content ?
4. Quel est le programme de la fête à Roscoff ?
5. Qu'est-ce que c'est un biniou ?
6. Comment s'appelle la première concurrente du concours de chant ?
7. D'où vient-elle ?
8. Qu'est-ce qu'elle fait à Roscoff ?
9. Est-ce qu'elle a passé de bonnes vacances ?
10. Qu'est-ce qu'elle a fait ?

Unité 3, leçon 4

Exercice 1 : Relisez le texte et répondez par OUI, SI ou NON.

1. Les jeunes se réveillent ? ....
2. Ils n'ont pas assez dormi ? ....
3. Ils ne sont pas fatigués ? ....
4. Le fermier cueille ses artichauts ? ....

5. Les jeunes ne veulent pas l'aider ? ....
6. Marie-Claude est tombée ? ....
7. Elle ne s'est pas cassé la jambe ? ....
8. Elle ne peut pas marcher ? ....

Exercice 2 : Complétez en employant un impératif et un pronom, comme dans l'exemple :

Tu lui demandes ? — Non, demande-lui, toi.
Je leur écris ? — Oui, écris-leur.

1. Je lui dis de venir ? — Oui, ...
2. Tu lui parles ? — Non, ... , toi.
3. Je leur dis merci ? — Oui, ...

4. Tu leur dis au revoir ? — Non, ... , toi.
5. Je vous apporte du café, M. Brun ? — Oui, ...

Exercice 3 : Complétez en employant TROP, ASSEZ **ou** PAS ASSEZ **selon le cas :**

Il ne peut pas prendre sa valise,

il est . . . . petit.

Elle peut prendre sa valise,

elle est . . . . grande.

Il . . . . méchant.

Il ne peut pas faire du camping, il est . . . .

Il . . . . méchant.

54

Exercice 4 : Qu'est-ce qu'il/elle dit ? Choisissez :

— Danger de mort.
— Prudence.
— Faites attention.

— Fais attention.
— Aidez-moi.
— Au secours.

— Sois prudent.
— Danger.
— Aide-moi.

— Faites attention.
— Au secours.
— Danger.

— Soyez prudent.
— Danger.
— Attention.

Exercice : 5 (Phonétique).

En français parlé le E est « avalé » dans beaucoup de syllabes.

Je vais à la boucherie = J'vais à la bouch'rie.

Rayez les « E » qui ne se prononcent pas dans les phrases suivantes (attention : cette suppression n'est jamais obligatoire).

Je peux vous demander un service. Je cueille mes pommes, vous ne voulez pas m'aider ?
Ce n'est pas grave ? Non, je n'ai rien, je crois.
Vous pouvez marcher ? Je ne crois pas.

Exercice 6 : Répondez vrai **ou** faux? **et corrigez les erreurs.**

1. Le fermier arrive, les campeurs dorment encore.
2. Ils ont trop dormi.
3. Ils sont allés à la fête à Brasparts.
4. Ils demandent un service au fermier.
5. Marie-Claude est tombée parce qu'elle est montée trop haut.
6. Elle peut marcher, elle n'a pas trop mal.
7. Le fermier n'est pas content parce que Marie-Claude a écrasé ses pommes.

Exercice 7 : Répondez aux questions suivantes sur le texte.

1. Pourquoi est-ce que les campeurs ont encore sommeil ?
2. Où sont-ils allés hier soir ?
3. Qu'est-ce qu'ils ont fait ?
4. Pourquoi est-ce qu'Alain a mal à la tête ?
5. Que leur demande le fermier ?
6. Pourquoi le fermier dit-il à Marie-Claude « Soyez prudente » ?
7. Qu'est-ce qu'Anne dit à Luc ?
8. Qu'est-ce qu'Alain dit à Luc ?
9. Que se passe-t-il ?
10. Est-ce qu'il faut appeler un médecin ?

Unité 3, leçon 5

Exercice 1 : Décrivez les dessins comme dans le modèle :

Elle va tomber !

Elle est tombée !

....

....

Exercice 2 : Continuez comme dans le modèle.

Tu as écrit à tes parents ?   — Non, mais je vais leur écrire.

1. Tu as lu les journaux ?   — Non, mais ....
2. Tu as fini ce livre ?   — ....
3. Tu as acheté des cigarettes ?   — ....
4. Tu as rangé la tente ?   — ....

Exercice : 3 Qu'est-ce qu'ils peuvent dire ? Faites parler les personnages comme dans le modèle.

Exercice 4 : Regardez bien le modèle :

Tu connais Mme Legall ? — Oui, je la connais.
On l'invite ? — Oui, invitons-la.
— Non, ne l'invitons pas.

Avec un verbe à l'indicatif, le pronom se place avant le verbe (Oui, je la connais).

Où se place-t-il avec un verbe à l'impératif affirmatif ?

Et avec un verbe à l'impératif négatif ?

(Attention : l'impératif affirmatif et le pronom complément sont reliés par un tiret.)
Continuez comme dans le modèle :

1. Tu aimes ce disque ?   — Oui, ...
   On l'écoute ?   — Oui, ...

2. Tu as ta nouvelle voiture ?   — Oui, ...
   On la prend ?   — Non, ...

3. Tu veux voir les Dupont ?   — Oui, ...
   Je les appelle ?   — Oui, ...

4. Tu as le programme ?   — Non, ...
   Je l'achète ?   — Non, ...

Exercice 5 : (Phonétique).

En français parlé il y a 2 syllabes (phonétiques) dans casserole : casse-role

Combien y a-t-il de syllabes dans les expressions suivantes :

bonne chance   au revoir   tout de suite   bon appétit

Exercice 6 : Répondez vrai **ou** faux **et corrigez les erreurs.**

1. Les jeunes Suisses viennent de partir.
2. Ils rentrent en Suisse.
3. Ils veulent aller visiter Brest et Quimper.
4. Ils sont venus dire au revoir et apporter un cadeau aux Legall.
5. La fermière va faire des crêpes pour eux.
6. Les Suisses donnent leur adresse aux Legall.
7. Les Suisses ont donné des chocolats aux Legall et les Legall leur ont donné une bouteille de Calvados.
8. Kenavo veut dire « A votre santé ».

Exercice 7 : Répondez aux questions suivantes sur le texte.

1. Pourquoi les campeurs viennent-ils voir les Legall ?
2. Pourquoi ont-ils apporté une boîte de chocolats ?
3. M. et Mme Legall leur disent d'entrer. Pour quoi faire ?
4. Pourquoi est-ce que Marie-Claude n'est pas contente ?
5. Qu'est-ce qu'ils boivent avec les crêpes ?

Unité 4, leçon 1

Exercice 1 : Écrivez des dialogues comme dans le modèle :

moto / aller à la fac.
— J'ai besoin d'une moto ?
— Pour quoi faire ?
— Pour aller à la fac.

1. cric / changer ma roue   — . . . .

                                 — . . . .

                                   — . . . .

2. argent / acheter une voiture.   — . . . .

                                   — . . . .

                                   — . . . .

3. robe neuve / aller au bal.   — . . . .

                                   — . . . .

                                   — . . . .

4. pièce de 1 franc / téléphoner   — . . . .

                                   — . . . .

                                   — . . . .

5. gros classeur / ranger mes papiers — . . . . . .

                                   — . . . . . .

                                   — . . . . . .

Exercice 2 : Pour / parce que.

Complétez, comme dans le modèle :

— Donne-moi de l'argent. — De l'argent ? Pour quoi faire ?
— Pour acheter un cadeau à Geneviève, parce que c'est sa fête.

1. — Il me faut trois paniers. — ....?
   — .... mettre mes pommes, ... il y en a beaucoup.
2. — Vous avez de l'eau, s'il vous plaît ? — ....?
   — .... mettre dans mon café, ... trop fort.
3. — J'ai besoin d'une échelle — ....?
   — .... prendre les dossiers, ... trop haut.
4. — Je vais au bureau samedi. — ....?
   — .... voir le directeur, ... rendez-vous avec lui pour une augmentation.
5. — Je vais chez ma sœur. — ....?
   — .... l'aider, ... est malade.

Exercice 3 : Transformez comme dans le modèle, en employant le verbe falloir :

Mon fils ira au lycée l'an prochain. Le lycée est à 10 km. Je vais lui acheter un vélomoteur →
IL LUI FAUDRA UN VÉLOMOTEUR POUR ALLER AU LYCÉE.

1. Vous allez à la gare ? C'est loin ! On va vous appeler un taxi. → Il vous faudra ....
2. Je vais faire un gâteau. J'ai besoin de farine et d'œufs. → ....
3. Tu veux aller cueillir des pommes ? Alors je vais te donner une échelle. → ....
4. Tu vas travailler ? Donne-moi de l'argent : j'irai faire les courses. → ....
5. Elles vont faire du camping, mais elles n'ont pas de tente ! → ....

Exercice 4 : Complétez le tableau de conjugaison.

j'ai déjeuné	je viens de déjeuner	je déjeune	je vais déjeuner	je déjeunerai
....	tu viens de gagner	....	....	....
....	....	elle sort	....	....
....	....	....	nous allons jouer	....
....	....	....	....	vous conduirez
....	....	ils mangent	....	....

Exercice 5 : Répondez comme dans le modèle :

— Tu veux bien ranger le salon ? — Non, je ne le rangerai pas !

1. — Tu veux bien dire au revoir ? — Non, ...
2. — Tu veux bien refaire des crêpes ? — Non, ...
3. — Tu veux bien payer l'addition ? — Non, ...
4. — Tu veux bien me donner ton numéro de téléphone ? — Non, ...
5. — Tu veux bien aider ton frère ? — Non, ...

Exercice 6 : Complétez comme dans le modèle :

Il a beaucoup travaillé aujourd'hui : il ne travaillera pas demain.

1. Nous sommes allés au restaurant aujourd'hui : ....

2. Elle a fait les courses aujourd'hui : ....

3. On a acheté trop de pain aujourd'hui : ....

4. Ils sont allés au cinéma aujourd'hui : ....

5. Vous avez regardé la télé aujourd'hui : ....

Exercice 7 : Posez une question comme dans le modèle :

Elle n'est pas venue aujourd'hui !
— Est-ce qu'elle viendra demain ?

1. Nous ne l'avons pas vu aujourd'hui ! — .... ?

2. Tu n'as pas rangé ta chambre aujourd'hui ! — .... ?

3. Nous n'avons pas visité l'église aujourd'hui ! — .... ?

4. Elle n'a pas pris sa voiture aujourd'hui ! — .... ?

5. Je n'ai pas eu besoin de ta machine à écrire aujourd'hui ! — .... ?

6. Ils n'ont pas fini leur travail aujourd'hui ! — .... ?

Exercice 8 : Décrivez leur situation cette année et parlez de leur situation l'année prochaine comme dans le modèle :

Cette année	l'année prochaine
M. Boyer, technicien, 9 000 F par mois, Renault, Paris.	Cadre, 11 500 F par mois, Renault, Le Mans.
M. Richaud, représentant, 10 000 F par mois, région parisienne.	Directeur commercial, 12 000 F par mois, Orléans.
Mme Dupuy, vendeuse, 3 800 F par mois, Magasin Monoprix, Reims.	Vendeuse chef, 4 700 F par mois, Monoprix, Troyes.

M. Boyer est technicien ; il gagne 9 000 F par mois. Il travaille chez Renault à Paris. L'an prochain, il sera cadre ; il gagnera 11 500 F par mois ; il travaillera chez Renault au Mans.

M. Richaud ....   Mme Dupuy ....

Exercice 9 : (Phonétique).

Relisez le texte à partir de « C'est loin du centre » et relevez les liaisons. (Il y en a 8.)

1. ....   2. ....

3. ....   4. ....   5. ....

6. ....   7. ....

Exercice 10 : Les mots suivants terminés par E sont masculins ou féminins.

Classez en deux listes, (mots masculins / mots féminins) en mettant devant chaque mot : LE, LA, ou L'.

coffre, essuie-glaces, église, guide, musée, fête, manivelle, phare, plage, cidre, voiture, crêpe, coude, foie, service, épaule, douche, tête, cadre, chômage, salaire, usine, farine.

Exercice 11 : Répondez aux questions suivantes sur le texte.

1. Où seront les Pellicier l'an prochain ?
2. Pourquoi les enfants n'ont-ils pas envie de déménager ?
3. Pourquoi les Pellicier déménagent-ils ?
4. Que·fera M. Pellicier à Montpellier ?
5. Et Mme Pellicier ?
6. Et Gérard, est-ce qu'il pourra faire ses études ?
7. Où habitera la famille Pellicier ?
8. Pourquoi Gérard dit-il « Il me faudra une moto » ?
9. Qu'en pense Mme Pellicier ?
10. Et M. Pellicier ?

Unité 4, leçon 2

Exercice 1 : Reliez en une phrase comme dans le modèle :

Ce soir il y a un concert de jazz. Ce concert m'intéresse →
Ce soir il y a un concert de jazz qui m'intéresse.

1. Il y a une journaliste. Elle veut vous parler. → ....

2. Demain vous verrez nos amis. Ces amis arrivent d'Égypte. → ....

3. J'ai une voiture neuve. Cette voiture marche très mal. → ....

4. Nous avons une nouvelle secrétaire. Elle travaille très bien. → ....

5. Dans ma rue, il y a un pâtissier. Il fait de très bons gâteaux. → ....

Exercice 2 : Faites une phrase comme dans le modèle :

élèves/avoir le bac/pouvoir aller à l'université →
Les élèves qui ont le bac peuvent aller à l'université.

1. campeurs/ne pas aimer les campings/camper dans les champs. → ....

2. travailleurs/habiter en banlieue/se lever tôt pour aller au travail. → ....

3. élèves/bien travailler/avoir de bons résultats. → ....

4. enfants/habiter loin/venir en bus. → ....

5. commerçants/vendre de bons produits/avoir beaucoup de clients. → ....

6. personnes/faire attention/ne pas avoir d'accidents. → ....

7. personnes/voyager/avoir une vie agréable. → ....

8. jeunes/avoir 18 ans/pouvoir voir tous les films. → ....

9. enfants/aller à l'école/ne pas regarder la télévision tard le soir. → ....

10. Français/aimer bien manger/connaître les bons restaurants. → ....

Exercice 3 : Posez la question comme dans le modèle :

Il a fait un gâteau. — C'est lui qui l'a fait ?

1. Elle a rangé le salon.   — ....?
2. Ils ont appelé le docteur.   — ....?
3. J'ai trouvé ce restaurant.   — ....?
4. Il a parlé au concierge.   — ....?
5. Elles ont pris la voiture.   — ....?

Exercice 4 : Décrivez les dessins comme dans le modèle :

MES CIGARETTES !

Il y a quelqu'un qui a fumé mes cigarettes !

MON WHISKY !

. . . .

MA VOITURE !

. . . .

MON CHAPEAU !

MON GÂTEAU !

. . . .

. . . .

Exercice 5 : Complétez avec « quelqu'un » **ou** « quelque chose » :

1. Je connais . . . . qui habite Miami.
2. . . . . est venu te voir cet après-midi.
3. Est-ce qu'il y a . . . . à manger ?
4. On va manger chez eux. Est-ce qu'il faudra leur apporter . . . . ?
5. Est-ce qu'il y a . . . . qui peut me donner un renseignement ?
6. Tu ne veux pas boire . . . . ?
7. Est-ce que . . . . pourra m'aider ?
8. . . . . a besoin de moi ?
9. Est-ce que je peux faire . . . . pour vous ?
10. Je vais vous chanter . . . .

Exercice 6 : Répondez comme dans le modèle avec tout le, toute la, tous, toutes :

Donne-moi du vin. — Tu peux prendre tout le vin

1. Je vais inviter mes amis. — . . . .
2. Il me faut du carbonne. — . . . .
3. Je vais faire une ou deux courses. — . . . .
4. J'apporte mes disques. — . . . .
5. Je peux boire de la bière ? — . . . .

Exercice 7 : En vous aidant des indications ci-contre faites le bulletin météorologique de la journée de demain (en France) :

Dans l'Ouest, il y aura de la pluie (il pleuvra).

Dans le Nord, ...

Sur les Alpes . . . .

Dans la région . . . .

Dans le Sud . . . .

Exercice 8 : Décrivez le dessin ci-dessous en employant :
en haut, en bas, au milieu,
à droite, à gauche,
au-dessus, au-dessous, à côté.

En haut, à gauche, il y a des montagnes...

Exercice 9 : (Phonétique).

a) Rayez la ou les lettres qui ne se prononcent pas dans les mots suivants :

AUTOMNE   MONTPELLIER   PRINTEMPS   ESTOMAC   DOIGT   SECOURS

b) Relevez les liaisons dans le texte à partir de « Et les Pyrénées ? » (il y en a 5).

1 . . . .   2 . . . .

3 . . . .   4 . . . .   5 . . . .

Exercice 10 : Répondez aux questions suivantes sur le texte.

1. Qu'est-ce qu'il y a dans la grosse enveloppe ?
2. Qui a envoyé cette enveloppe ?
3. Quel est le prospectus qui intéresse M. Pellicier ?
4. Où est situé Montpellier ?
5. Est-ce qu'il pleut à Montpellier ?
6. Où se trouvent les plages ?
7. Qu'est-ce qu'on peut faire à la plage ?
8. Qu'est-ce qu'on peut faire en Camargue ?
9. Qu'est-ce qu'on peut faire dans les Pyrénées ?
10. En quelle saison ?

Exercice 1 : Mettez les adverbes suivants dans les phrases ci-dessous :

chaudement, prudemment, méchamment, gentiment, immédiatement, exactement, gravement, gaiement, gratuitement, dangereusement.

1. Il n'est pas content, il lui parle ....
2. Il a trop bu, il conduit ....
3. Moi, je ne vais pas vite, je conduis ....
4. Son père travaille à la SNCF, il voyage ....
5. Il va faire froid ce soir, habille-toi ....

6. Il est à l'hôpital, il est .... malade.
7. Il aime bien sa petite sœur, il lui parle ....
8. Écoutez-les ! Ils sont contents. Il chantent .....
9. Vite ! Vous êtes en retard. Partez ....
10. Quelle heure avez-vous ? Il est .... 6 h.

Exercice 2 : Complétez en mettant le verbe au futur et en ajoutant l'adverbe (formé à partir de l'adjectif) comme dans le modèle :

Le journal est gratuit. Vous l'aurez gratuitement.

1. La maison est difficile à trouver. Vous (trouver) ....
2. La dame est gentille. Elle (vous aider)...
3. Il est méchant. Il (vous parler) ....
4. Ma sœur est prudente. Elle (conduire) ....
5. Cet exercice est facile. Vous (faire) ....

Exercice 3 : Répondez comme dans le modèle :

— *Qui c'est, ce pianiste ? (admirer beaucoup)* — *C'est un pianiste que j'admire beaucoup.*

1. Qu'est-ce que c'est, ce disque ? (écouter tout le temps) — ....
2. Qui sont ces gens ? (détester) — ....
3. Qu'est-ce que c'est, ce pull ? (faire la semaine dernière) — ....
4. Qui c'est, ce garçon ? (connaître hier soir) — ....
5. Qu'est-ce que c'est, ce livre ? (être en train de lire) — ....

Exercice 4 : Transformez, comme dans le modèle :

Je préfère cette musique → Cette musique, c'est la musique que je préfère.

1. Je cherche ce disque → ....
2. Je veux cette maison → ....
3. Je fume ces cigarettes → ....
4. Je lis ce journal → ....

5. Je bois ce whisky → ....
6. Je connais ce pianiste → ....
7. Je prend ce bus → ....
8. Je conduis cette voiture → ....

Exercice 5 : Répondez comme dans l'exemple :

Il y a une robe et un <u>pantalon</u> (faire). C'est le pantalon que j'ai fait.

1. Il y a un garçon et une <u>fille</u>. (connaître) .....
2. Il y a un crayon et un <u>stylo</u>. (vouloir) ....
3. Il y a un <u>chien</u> et un chat. (préférer) ....
4. Il y a la radio et la <u>télévision</u>. (détester) .....

5. Il y a du <u>tennis</u> et du football. (regarder) ....
6. Il y a les <u>bières</u> et les cigarettes. (payer) ....
7. Il y a une <u>moto</u> et une voiture. (vendre) .....
8. Il y a un <u>journal</u> et un livre. (lire) ....

Exercice 6 : Complétez avec quelqu'un/quelque chose... qui/que...

1. Un digestif, c'est .... on boit à la fin du repas.
2. Un agriculteur, c'est .... travaille à la campagne.
3. Un matelas pneumatique, c'est .... on gonfle.
4. Une crêpe, c'est .... on mange en Bretagne.
5. Un musicien, c'est .... joue d'un instrument de musique.
6. Un campeur, c'est .... fait du camping.
7. Un célibataire, c'est .... n'est pas marié.
8. Un cadeau, c'est .... on donne à ses amis.
9. Un journal, c'est .... on achète le matin.

Exercice 7 : (Phonétique).

Classez les mots suivants qui contiennent la lettre O selon sa prononciation [o/ɔ]

logement   Talbot   lavabo   commercial   raisonnable   trop   studio   désolé

1. [ɔ] ....

2. [o] ....

Exercice 8 : Répondez aux questions suivantes sur le texte.

1. Pourquoi les Pellicier sont-ils à Montpellier ?
2. Qu'est-ce qu'ils cherchent exactement ?
3. Avec qui sont-ils en ce moment ?
4. Qui est Mme Talbot ?
5. Que font-ils avec Mme Talbot ?
6. Pouvez-vous décrire la villa qu'elle leur montre ?
7. La villa n'a pas de garage. Est-ce que c'est ennuyeux ?
8. Mme Talbot n'a pas les clés. Est-ce qu'ils vont pouvoir visiter la villa ?

Unité 4 leçon 4

Exercice 1 : Transformez en employant un pronom possessif, comme dans le modèle :

— *A qui est ce pull ? A ta sœur ?*
— *Non, il n'est pas à elle. Ce n'est pas le sien.*

1. — Il est à Gilles et Brigitte, ce chien ?
   — Oui, il est à eux. C'est ....

2. — C'est ton blouson de cuir, ça ?
   — Oui, il est à moi. C'est ....

3. — Et ces cigarettes, elles sont à toi ?
   — Non, elles ne sont pas à moi. Ce ne sont

4. — Elles sont à ton père, ces cigarettes ?
   — Oui, elles sont à lui. Ce sont ....

5. — Et ces disques, ils sont à Brigitte et Isabelle ?
   — Oui, ils sont à elles. Ce sont ....

Exercice 2 : Complétez en mettant un pronom possessif, comme dans le modèle :

Je n'ai pas mon appareil photo. Est-ce que tu as le tien ?

1. Marie-Claude a son sac mais Anne a oublié ....
2. Pour aller à Roscoff, les campeurs n'ont pas pris la voiture des fermiers : ils ont pris ....

65

3. Nous, nous montons notre tente sous les arbres. Vous, vous monterez .... près de la rivière.

4. Nous avons notre salle de bains, et nos enfants ont ....

5. Venez avec vos amis ; nous, nous viendrons avec ....

6. Moi, je gonfle mon matelas, toi, tu gonfles ....

7. Tiens, je t'ai acheté tes cigarettes. — Et moi, tu m'as acheté .... ?

8. Moi, j'ai fini de manger mes crêpes. Dépêchez-vous de manger........

9. Nous avons passé nos vacances en Irlande. Et vos amis, où ont-ils passé .... ?

10. Nous avons votre adresse. Est-ce que vous voulez .... ?

Exercice 3 : **Rayez les réponses qui ne conviennent pas.**

1. Tu as des amis ? — Très. — Un peu. — Pas beaucoup. — Beaucoup.
2. Il a plu ? — Beaucoup. — Pas trop. — Un peu. — Très.
3. Il a fait froid hier ? — Beaucoup. — Pas trop. — Très.
4. Vous aimez danser ? — Pas beaucoup. — Très. — Un peu.
5. Tu as sommeil ? — Très. — Beaucoup. — Un peu.

Exercice 4 : **En employant** FAIRE **(qui remplace d'autres verbes) complétez les phrases suivantes, et indiquez le verbe remplacé, comme dans le modèle :**

Pierre, 1,70 m   Paul, 1,66 m.
Pierre fait 4 cm de plus que Paul. (MESURER)

Les pommes .... (........)

M. Pellicier .... (........)

Les deux lits .... (........)

Exercice 5 : **Corrigez les informations fausses, comme dans le modèle :**

Pays	Superficie	Population
France	550 000 km^2	53 millions
R.F.A.	248 000 km^2	62 millions
Italie	301 000 km^2	57 millions
Espagne	504 000 km^2	37 millions
Belgique	30 513 km^2	10 millions
Suisse	41 293 km^2	6,3 millions

La R.F.A. a autant d'habitants que la France.
C'est faux : la R.F.A. a plus d'habitants que la France. Elle a 9 millions d'habitants de plus.

1. La R.F.A. est plus grande que l'Italie.

   C'est faux : .... Elle a ....

2. L'Espagne est plus grande que la France.

   C'est faux : .... Elle fait ....

3. La Belgique a moins d'habitants que la Suisse.

C'est faux : .... Elle a ....
4. L'Espagne a autant d'habitants que l'Italie.

C'est faux : .... Elle a ....

Exercice 6 : (Phonétique).

Dans l'introduction du texte relevez les mots contenant le son $[\tilde{\varepsilon}]$ et le son $[\tilde{\alpha}]$.

1. $[\tilde{\varepsilon}]$ ....

2. $[\tilde{\alpha}]$ ....

Exercice 7 : Répondez vrai ou faux et corrigez les erreurs.

1. Tous les meubles sont dans le camion.
2. Gérard est d'accord pour donner sa chambre à Virginie.
3. Le placard de Virginie est trop grand. : elle n'a pas beaucoup de vêtements.
4. Les deux chambres ont un lavabo.
5. Les cartons que Virginie va porter sont moins lourds que les caisses.
6. L'armoire est trop large pour le couloir.

Exercice 8 : Répondez aux questions suivantes sur le texte.

1. Est-ce que les Pellicier sont en train d'emménager ou de déménager ?
2. Que font les déménageurs ? Les parents ? Les enfants ?
3. Pourquoi les enfants se disputent-ils ?
4. Décrivez la chambre blanche et la bleue.
5. Pourquoi Virginie veut-elle l'autre chambre ?
6. Pourquoi Gérard préfère-t-il la sienne ?
7. Que demande Mme Pellicier aux enfants ?
8. Virginie préfère porter les cartons ? Pourquoi ?
9. L'armoire ne passe pas. Dites pourquoi.
10. Qu'y a-t-il dans le carton que porte Virginie ?

Unité 4, leçon 5 _____

Exercice 1 : Complétez avec QUI, QUE, OÙ.

— Une région .... j'aime bien aller, c'est la Bretagne.

— Moi aussi. C'est une région .... j'aime bien.

— Vous connaissez la petite route .... va de Morlaix à Roscoff ?

— Bien sûr, c'est la route .... je prends pour aller chez des amis .... j'ai à Roscoff.

— Ah, vous connaissez Roscoff ?

— Oui, c'est près de l'endroit .... je passe mes vacances l'été.

Roscoff, c'est la ville .... je préfère.

Exercice 2 : Complétez avec DÉJÀ, PAS ENCORE, BIENTÔT, PRESQUE.

1. — Maman, j'ai faim.

— Attends. Le repas n'est .... prêt.

2. — Papa n'est .... rentré ?

— Non, mais il va .... arriver.

3. — Il n'est .... 7 heures ?

— Il est .... 7 heures. Il est exactement 7 heures moins deux.

4. — Tu connais ce film ?

— Oui, je l'ai .... vu.

Exercice 3 : Complétez avec BON, BIEN, MIEUX, LE MIEUX, MEILLEUR, LE MEILLEUR.

— Pouvez-vous m'indiquer un .... restaurant ?

— Allez au Restaurant du Lac. Vous verrez, on y mange ....

— Par où on passe pour y aller ?

— ...., c'est de prendre la route de Florac.

— Et c'est vraiment un .... restaurant ?

— C'est .... du pays. Et cette année, on y mange encore .... que l'année dernière. C'est le fils qui fait la cuisine. Il est .... cuisinier que son père.

Exercice 4 : Regardez le tableau de l'exercice 5 de la leçon 4.

Dites quel est le pays / le plus grand / le plus petit, / le pays qui a le plus d'habitants / le moins d'habitants.

1. Le pays qui est ....

2. ....

3. ....

4. ....

Exercice 5 : Répondez comme dans le modèle, en employant des superlatifs :

— *Pourquoi est-ce que vous ne prenez pas cette route ? (mauvaise)*
— *Parce que c'est la route la plus mauvaise.*

1. — Pourquoi est-ce que vous aimez beaucoup cette région ? (belle) — ....

2. — Pourquoi est-ce que tu as acheté cette moto ? (rapide) — ....

3. — Pourquoi allez-vous dans ce restaurant ? (bon) — ....

4. — Pourquoi vos enfants vont-ils à cette école ? (bonne) — ....

5. — Pourquoi est-ce que vous prenez vos vacances au printemps ? (saison calme) — ....

6. — Pourquoi est-ce que vous ne passez pas par la route des gorges ? (dangereuse) — ....

Exercice 6 : Relevez dans le texte les adjectifs se rapportant à la nourriture, aux paysages, aux gens :

nourriture : ....

paysages : ....

gens : ....

L'un des adjectifs associés au paysage peut également qualifier les gens et la nourriture. Lequel ?

....

Exercice 7 : **Répondez** vrai **ou** faux **et corrigez les erreurs.**

1. Des voisins ont invité les Pellicier et leurs amis.
2. Un méchoui c'est un mouton qu'on fait cuire dans un four.
3. Tous les invités qui sont là travaillent chez IBM.
4. Pour les Pellicier, la vie est plus agréable dans le Midi que dans la région parisienne.
5. Un gigot au four, c'est moins bon qu'un méchoui.
6. La route par Alès n'est pas très intéressante mais elle est rapide.
7. La route par Ganges est mieux que la route par Alès.
8. Denis connaît bien la route parce qu'il est de la région.

Exercice 8 : **Répondez aux questions suivantes sur le texte.**

1. Que se passe-t-il chez les Pellicier ?
2. Que vont manger les invités ?
3. Qu'est-ce que c'est un méchoui ?
4. Est-ce que les Pellicier sont contents d'être à Montpellier ?
5. Est-ce qu'ils sont mieux là que dans la région parisienne ?
6. Pourquoi ?
7. Pourquoi est-ce qu'on conseille aux Pellicier d'aller au Parc National des Cévennes ?
8. Comment y va-t-on ?
9. On leur conseille une autre route. Est-ce mieux ou moins bien ?
10. Relevez les mots ou les phrases qui donnent envie de visiter cette région.

Corrigé des exercices

Unité 1, leçon 1

Ex. 1
Il est concierge. Elle est architecte. Elle est actrice. Il est dentiste.

Ex. 2
2 : Je m'appelle Eduardo, je suis mexicain, j'ai 32 ans.
3 : Je m'appelle Laura, je suis italienne, j'ai 28 ans.
4 : Je m'appelle Gisela, je suis allemande, j'ai 30 ans.

Ex. 3
n° 2 : Il s'appelle Eduardo. Il est médecin à Acapulco.
n° 3 : Elle s'appelle Laura. Elle est journaliste à Milan.
n° 4 : Elle s'appelle Gisela. Elle est architecte à Bonn.

Ex. 4
John est né le 13 mai 1943. Il a 39 ans.
Deborah est née le 14 juillet 1954. Elle a 28 ans.
Ahmed est né le 7 janvier 1957. Il a 25 ans.

Ex. 5
vingt et un, vingt-deux, trois, treize, trente, trente et un, trente-trois, quatre, quatorze, quarante, quarante et un, quarante-quatre, cinq, quinze, cinquante, cinquante et un, cinquante-cinq.

Ex. 6
SEP̶T BOULEVAR̶D COURS̶ VING̶T PARIS̶ TROIS̶

Ex. 7
Dans le mot DEUX, la lettre X ne se prononce pas.

Ex. 8
dix   dix-sept   dix-huit   dix-neuf
 s   s   z   z

Ex. 9
Marie est française, elle est née le 12/1/1948, elle est actrice.
Il est chinois, il est né le 27/9/1953, il est infirmier.
Je suis bolivienne, je suis née le 17/11/1951, je suis médecin.

Ex. 10
Il est français. Il est étudiant. Il est tunisien.
Il est architecte. Je suis allemand. Elle est mexicaine.
Il s'appelle Alexandre. Elle est infirmière. Il s'appelle Henri.
Elle habite à Berlin.

Unité 1, leçon 2

Ex. 1
Quelle heure est-il ? Il dit bonsoir à François.
Il est vingt-trois heures. Il dit au revoir au chef d'orchestre.

Ex. 2
Six   Il est six heures   Dix   Il est dix heures
 s   z   s   z

Ex. 3
DANEMARK   AU REVOIR   ALLEMAND   MÉDECIN
MADEMOISELLE   ET DEMIE   BONNE NUIT

Ex. 4
La journaliste s'appelle Anna.
Le pianiste s'appelle Jacques.
L'étudiante s'appelle Carmen.

Ex. 5
1. L'argent de police est dans la rue. Il dit bonjour à la coiffeuse.
2. L'étudiante est devant l'école. Elle dit bonjour au professeur.
3. Le chef d'orchestre est devant l'opéra. Il dit au revoir à Jacques.
4. Le musicien est devant la maison. Il dit bonsoir au chef d'orchestre.
5. Le concierge est dans l'escalier. Il dit bonne nuit à l'infirmière.

Ex. 6
Maria est née au Brésil (brésilienne). Carmen est née en Argentine (argentine). Gréta est née en Hollande (hollandaise). Marco est né en Colombie (colombien). Marilyn est née en Nouvelle-Zélande (néo-zélandaise). Gary est né en Australie (australien).

Unité 1, leçon 3

Ex. 1
CONCER̶T D'ACCOR̶D RESTAURAN̶T APRÈS̶-MIDI BEAUCOU̶P

Ex. 2
Vous êtes libre ? Est-ce que Jacques habite à Paris ?
Est-ce que vous allez à l'Opéra ? Il travaille à huit heures.

Ex. 3
1. Est-ce que Giovanni habite à Paris ? Non, il n'habite pas à Paris. Il habite à Rome.
2. Est-ce qu'elle va à Nîmes ? Non, elle ne va pas à Nîmes. Elle va à Nice.
3. Est-ce que tu dînes avec Alice ? — Non, je ne dîne pas avec Alice. Je dîne avec Pierre. (Je déjeune avec Alice.)
4. Est-ce qu'il travaille à la radio ? — Non, il ne travaille pas à la radio. Il travaille à la télévision.
5. Est-ce que vous allez à Paris ? — Non, je ne vais pas à Paris. Je vais à Dijon.

Ex. 4
1. Est-ce que tu vas à l'Opéra ?
2. Il n'est pas libre le mardi.
3. Le lundi, je ne travaille pas.
4. Vous pouvez venir à 3 h ? — Non, je ne peux pas.
5. Elle ne s'appelle pas Marie. Elle s'appelle Marianne.
6. Est-ce que vous êtes/tu es née en Irlande ? — Non, je suis née au Canada.

Ex. 5
1. Est-ce que Maria-Isabel est étudiante ? — Non, elle n'est pas étudiante, elle est professeur.
2. Est-ce qu'Andrew travaille à Glasgow ? — Non, il ne travaille pas à Glasgow, il travaille à Edimbourg.
3. Est-ce que Carlos est né à Madrid ? — Non, il n'est pas né à Madrid, il est né à Barcelone.
4. Est-ce qu'Abdou habite à Abidjan ? — Non, il n'habite pas à Abidjan, il habite à Dakar.
5. Est-ce que Marilyn va au concert ? — Non, elle ne va pas au concert, elle va au cinéma.

71

Ex. 6

Il est chez le coiffeur. Il dit : « Il est midi et demie. »
Il est chez le dentiste. Il dit : « Il est cinq heures moins le quart. »
Il est chez le médecin. Il dit : « Il est six heures. »
Il est à l'Opéra. Il dit : « Il est neuf heures moins cinq. »

Unité 1, leçon 4

Ex. 1

1. Est-ce que vous travaillez avec un Espagnol ? — Non, je travaille avec une Italienne.
2. Est-ce que vous écoutez une actrice ? — Non, j'écoute un acteur.
3. Est-ce que vous allez chez un coiffeur ? — Non, je vais chez une coiffeuse.
4. Est-ce que vous travaillez avec un photographe ? — Non, je travaille avec un musicien.
5. Est-ce que vous voulez une infirmière ? — Non, je veux un infirmier.

Ex. 2

1. Il aime aller à la montagne (travailler à).
2. Elle n'aime pas aller au restaurant (travailler au).
3. J'aime écouter la radio.
4. Elle préfère aller à la campagne (travailler à, déjeuner à).
5. Il déteste regarder la télévision.
6. J'adore jouer au tennis (regarder le).

Ex. 3

1. Gérard n'aime pas le disco. Il préfère le rock.
2. Catherine n'aime pas le classique. Elle préfère le jazz.
3. Charles n'aime pas aller au concert. Il préfère aller au cinéma.
4. Geneviève n'aime pas boire. Elle préfère manger.
5. Claudia n'aime pas lire. Elle préfère écouter la radio.
6. Jean-Paul n'aime pas (aller à) la montagne. Il préfère aller à la mer.

Ex. 4

Il déteste le café. Elle aime le tennis, la musique.
Il adore la mer, le sport. Elle n'aime pas le football.

Ex. 5

Est-ce que vous voulez... une cigarette ?
Aimez-vous... le cinéma ?
Je suis... libre/journaliste.
Elle n'est pas... libre/journaliste.
Il va à... l'aéroport.
Pouvez-vous... épeler ?
Qu'est-ce que vous faites... lundi ?

Ex. 6

Quel... jour / hôtel / restaurant / sport / préfères-tu ?
Quelle... heure est-il ?
Quel... jour êtes-vous libre ?
Quelle... rue habitez-vous ?

Ex. 7

1. Vous aimez lire ? — Oui, elle aime beaucoup lire.
2. Vous aimez aller au cinéma ? — Oui, elle aime aller au cinéma.
3. Vous aimez écouter la radio ? — Non, il n'aime pas du tout écouter la radio.
4. Vous aimez fumer ? — Oui, elle aime beaucoup fumer.
5. Vous aimez faire du sport ? — Non, il déteste le sport.
6. Vous aimez travailler le soir ? — Non, il n'aime pas du tout travailler le soir.
7. Vous aimez aller à l'Opéra ? — Oui, il adore aller à l'Opéra.

Unité 1, leçon 5

Ex. 1

1. Voulez-vous des cigarettes ?
2. Elle joue des œuvres de Chopin.
3. Des étudiants sont en retard.
4. Je travaille avec des journalistes.
5. Des voisins viennent dîner.
6. Voici des fiches d'inscription.

Ex. 2

1. Je vois un homme. Il est jeune. Elle voit un homme jeune.
2. Je vois une violoniste. Elle est brune. Elle voit une violoniste brune.
3. Je vois un agent de police. Il est antipathique. Elle voit un agent de police antipathique.
4. Je vois une infirmière. Elle est souriante. Elle voit une infirmière souriante.

Ex. 3

1. Il y a une petite flûtiste dans l'orchestre ? — Oui, la flûtiste est petite.
2. des jeunes violonistes... ? — Oui, les violonistes sont jeunes.
3. une harpiste rousse... ? — Oui, la harpiste est rousse.
4. des vieux trompettistes... ? — Oui, les trompettistes sont vieux.
5. un violoncelliste blond... ? — Oui, le violoncelliste est blond.
6. une guitariste blonde... ? — Oui, la guitariste est blonde.

Ex. 4

Elle est musicienne. 2. Elles sont musiciennes. 3. Ils sont musiciens. 4. Ils sont coiffeurs. 5. Elle est coiffeuse. 6. Elles sont coiffeuses. 7. Ils sont concierges. 8. Elle est concierge. 9. Elles sont concierges.

Ex. 5

1. Vous venez à la campagne ? 2. Ils ne parlent pas aux voisins. 3. A midi, elle va au restaurant. 4. Il arrive à l'aéroport à 10 h. 5. Je n'aime pas arriver en retard à l'Opéra.

Unité 2, leçon 1

Ex. 1

1. Qui est-ce ? C'est un musicien.
2. Qui est-ce ? Ce sont des musiciens.
3. Qu'est-ce que c'est ? C'est la sonnerie de midi.
4. Qui est-ce ? Ce sont des secrétaires.
5. Qu'est-ce que c'est ? Ce sont des lettres urgentes.
6. Qui est-ce ? Ce sont des étudiants.
7. Qui est-ce ? C'est le directeur technique.
8. Qu'est-ce que c'est ? Ce sont des fichiers.
9. Qu'est-ce que c'est ? C'est un classeur.
10. Qui est-ce ? C'est M. Arnaud.

Ex. 2

1. J.M. n'est pas chef d'orchestre ; il est pianiste.
2. M. et Mme D ne sont pas ingénieurs ; ils sont secrétaires.
3. V.B. n'est pas musicienne ; elle est journaliste.
4. Mme D et Mme R ne sont pas secrétaires de M.H. ; elles sont secrétaires de M. Arnaud.

Ex. 3

1. C'est un directeur mais ce n'est pas le directeur des ventes.
2. C'est une fiche mais ce n'est pas une fiche d'inscription.

3. C'est un musicien mais ce n'est pas un musicien de jazz.
4. C'est une nouvelle secrétaire mais ce n'est pas une secrétaire de direction.
5. C'est un acteur mais ce n'est pas un acteur de cinéma.

Ex. 4
C'est un vieux stylo, un beau stylo, un nouveau stylo.
C'est un vieil aéroport, un bel aéroport, un nouvel aéroport.
C'est une belle maison, une nouvelle maison.

Ex. 5
1. Qui est le nouveau concierge ? 2. Qu'est-ce que c'est ? 3. Est-ce que ce sont des étudiants ? 4. Qui êtes-vous ? 5. Qui est-ce ? 6. Qui est le chef ?

Ex. 6
1. Qu'est-ce que c'est. 2. Qui est-ce ? 3. Qui est-ce ? Qu'est-ce que c'est ?

Ex. 7
1. Mme Delort est la nouvelle secrétaire.
2. Mme Richaud est une secrétaire.
3. Non, Mme Delort n'est pas blonde, elle est brune.
4. Le chef des ventes c'est M. Arnaud.
5. Mme Delort a le bureau devant la fenêtre.
6. Ce sont des lettres urgentes pour M. Arnaud.
7. Dans le tiroir il y a le papier et le carbone.
8. Mme Richaud ne déjeune pas au bureau. Elle va dans un restaurant.

Unité 2, leçon 2

Ex. 1
Il prend du poulet, du vin, de l'eau, du fromage, de la salade et des frites.

Ex. 2
Il n'y a pas de stylo, pas de téléphone, pas de papier, pas de machine à écrire, pas de carbone, pas de crayons, pas de secrétaire, pas de travail !

Ex. 3
1. Sarah, veux-tu du steak ? — Non, je n'aime pas le steak.
2. Carlos, veux-tu de la salade ? — Oui, j'adore la salade.
3. Ahmed, veux-tu des yaourts ? — Oui, j'aime beaucoup les yaourts.
4. Marilyn, veux-tu de la crème caramel ? — Non, je n'aime pas du tout la crème caramel.
5. Alex, veux-tu des fruits ? — Oui, j'aime beaucoup les fruits.

Ex. 4
1. Je voudrais de la crème caramel. — La crème caramel est dans le frigo.
2. Je voudrais du poulet. — Le poulet est sur la table.
3. Est-ce qu'il y a du fromage ? — Oui, le fromage est sur la fenêtre.
4. Il y a des fruits ? Oui, les fruits sont sur la chaise.

Ex. 5
1. du ... le 2. des ... les 3. les ... de 4. le ... de 5. du ... le 6. du ... le 7. du ... le 8. du ... le 9. de la ... la.

Ex. 6
1. Elles déjeunent ensemble au restaurant.
2. Le restaurant n'est pas cher.
3. Non, c'est du poulet au riz.
5. Avec le steak, il y a des frites.
7. Elles prennent une carafe d'eau.

Unité 2, leçon 3

Ex. 1
same/di é/pice/rie char/cute/rie drogue/rie bou/lange/rie pâ/tisse/rie pa/pete/rie con/fise/rie méde/cin

Ex. 2
PORC TABAC RIZ PRIX

Ex. 3
une marchande, une vendeuse, une acheteuse, une pharmacienne, une droguiste, une bouchère, une secrétaire, une directrice, une veuve, une divorcée, une buraliste.

Ex. 4
Combien pèsent les côtelettes ? — Elles pèsent 900 g. — Combien coûtent-elles ? — Elles coûtent 48 F.
Combien pèse le chou ? — Il pèse 1 kg. — Combien coûte-t-il ? — Il coûte 4 F.
Combien pèse le lapin ? — Il pèse 1,8 kg. — Combien coûte-t-il ? — Il coûte 45 F.
Combien pèse la côte de bœuf ? — Elle pèse 2,1 kg. — Combien coûte-t-elle ? — Elle coûte 80 F.

Ex. 5
1. Devant la boucherie, il y a M. et Mme Richaud.
2. Mme Richaud veut acheter des côtelettes d'agneau et un rôti.
3. Mme Delort.
4. Mme Richaud prend un rôti de porc pour le dîner de samedi.
5. Non, il ne peut pas payer, il n'a plus d'argent.

Unité 2, leçon 4

Ex. 1
2. Il faut travailler. 3. Il faut acheter du whisky. 4. Il faut payer ! 5. Il faut manger.

Ex. 2
Le gros monsieur n'a plus de cravate, n'a plus de chaussures, n'a plus d'appareil photo.
La dame brune n'a plus de sac à main, n'a plus d'écharpe, n'a plus de cigarettes.

Ex. 3
A qui est le chapeau ? Ce chapeau ! Il est à son père.
A qui est la robe ? Cette robe ! Elle est à sa mère.
A qui sont les chaussures ? Ces chaussures ! Elles sont à sa mère.
A qui est le violon ? Ce violon ! Il est à son frère.
A qui est le sac à main ? Ce sac à main ! Il est à sa mère.

Ex. 4
1. Oui, il est avec elle. 2. Oui, il est à lui. 3. Oui, je viens avec toi. 4. Oui, je mange avec elle. 5. Oui, il travaille avec moi. 6. Oui, elle habite chez elle.

Ex. 5
1. Est-ce que Didier est chez toi ?
2. Est-ce que Paul joue avec sa sœur ? Oui, il joue avec elle.
3. Est-ce qu'elle habite chez sa mère ? — Non, elle n'habite pas chez elle.
4. Non, je ne lui parle pas.
5. D'accord, on vient chez toi (ou chez vous).

Ex. 6
2. Nous attendons 3. C'est une... 4. Il n'est pas à elle. 5, 6 et 7. Il est à son amie Brigitte. 8. Et cet appareil ? 9 et 10. Il est à qui ? 11. Elles sont à Papa. 12. Elles sont à Brigitte. 13. Et ces allumettes... 14. Elles sont à Brigitte ou à Gilles ?

Ex. 7

1. Didier est dans le salon.
3. Ce soir, une invitée dîne chez les Richaud.
4. Une collègue de bureau vient dîner ce soir.
5. Le pull n'est pas à la sœur de Didier.
6. L'appareil photo n'est pas à Didier.

Unité 2, leçon 5

Ex. 1

1. Il est avec ses copines.
2. Elles sont avec leur copain.
3. Il est avec ses copains.
4. Elle est avec ses copines.
5. Ils sont avec leur copine.
6. Elles sont avec leurs copines.
7. Elles sont avec leurs copains.
8. Elle est avec ses copains.

Ex. 2

1. Et vous ? Est-ce que vous déjeunez chez vos amis ?
2. Et vos enfants ? Est-ce qu'ils travaillent dans leur chambre ?
3. Et elles ? Est-ce qu'elles habitent chez leurs parents ?
4. Et nous ? Est-ce que nous déjeunons avec nos collègues ?
5. Et nous ? Est-ce que nous commençons notre répétition ?
6. Et vous ? Est-ce que vous adorez votre travail ?

Ex. 3

2. Cette écharpe est à elle, pas à lui.
3. Ces cigarettes sont à lui, pas à elles.
4. Cet imperméable est à elle, pas à lui.
5. Cette chambre est à elles, pas à eux.

Ex. 4

a) [o] abricot   vos   gros
[ɔ] Delort   moderne   collègue   Sophie   orange   pomme
b) 1. Vous aimez votre ville ?
4 et 5. Vous avez des enfants ?
6. Et vos enfants ?
7. On prend un apéritif ?
8. La bouteille est vide ?

Ex. 5

2. Sophie aime beaucoup Évry.
4. Mme Delort est contente de son travail.
5. Elle a un fils.
6. Son fils vit chez ses parents.

Unité 3, leçon 1

Ex. 1

Elle leur écrit une lettre. Ils nous parlent. Je vous parle. Il leur achète des gâteaux. Elle lui apprend l'anglais.

Ex. 2

1. Oui, je veux te dire merci.
2. Oui, elle me demande le programme.
3. Oui, il lui dit de faire attention.
4. Oui, ils ne veulent pas lui parler.
5. Oui, elle leur demande de ranger le salon.
6. Oui, il veut nous vendre sa machine à écrire.
7. Oui, il leur écrit une lettre.

Ex. 3

1. Lui, il fume des anglaises ! 2. Elle, elle a 25 ans !
3. Nous, nous habitons à Mexico ! 4. Moi, je parle anglais et russe ! 5. Eux, ils sont libres à 6 h et demie !
6. Toi, tu ranges la chambre ! 7. Nous, nous nous arrêtons là-bas ! 8. Elles, elles campent dans un camping !

Ex. 4

1. — Où est-ce qu'on peut acheter du pain ? — Il y a une boulangerie à 500 m.
2. D'où est-ce que vous venez ? — Nous venons de Lausanne.
3. Où est-ce que vous allez ? — Nous allons en Espagne.
4. Est-ce qu'il y a un terrain de camping ici ? — Oui, le terrain de camping est à 3 km.
5. D'où viennent-ils ? — Ils viennent d'Irlande.
6. Où est-ce qu'on s'arrête ? — Ici. C'est bien cet endroit.

Ex. 5

Les 15 mots : vacances, en, endroit, camper, dans, champ, défendu, demander, renseignement, camping, français, temps, gentil, tente, encore
Les quatre écritures : an, en, am, em

Ex. 6

masculin :
carbone, beurre, fromage, sucre, siège, imperméable, téléphone, timbre, frère, arbre, kilomètre, père, verre, légume, article, chèque, livre
féminin :
crème, confiture, bière, seconde, mère, bouteille, veste, tente, tante, corbeille, chambre, entrée, épicerie

Ex. 7

1. Ils s'arrêtent parce qu'ils aiment bien cet endroit.
2. Ils demandent l'autorisation aux fermiers.
3. Il y a un terrain de camping à St-Pol.
4. Il est à 10 km.
5. Non, ils sont suisses.
6. Ils viennent de Lausanne.
7. Oui.
8. Ils peuvent monter leur tente sous les arbres.
9. Il leur demande de faire attention aux artichauts.

Unité 3, leçon 2

Ex. 1

1. Oui, prenons un apéritif. 2. Oui, fais du café (ou Faites du café). 3. Oui, déjeunons à midi. 4. Oui, attends-moi ici. 5. Oui, venez à 9 h. 6. Oui, allons à la plage. 7. Oui, viens avec nous. 8. Oui, mange un fruit (ou Mangez un fruit).

Ex. 2

1. chez sa grand-mère.
   Oui, il y va.
2. à Paris.
   Oui, elle y habite.
3. en France.
   Oui, il y est né.
4. au restaurant.
   Oui, nous y déjeunons.
5. dans le champ.
   Oui, ils y campent.
6. à la maison (ou) devant la maison.
   Oui, je m'y arrête.
7. à la répétition.
   Oui, ils y vont.

Ex. 3

1. Oui, il en lit.
2. Oui, elle en prend.
3. Oui, j'en attends.
4. Oui, il en mange.
5. Oui, j'en fais (ou Nous en faisons).
6. Oui, il en a besoin.
7. Oui, il en vend.
8. Oui, tu en oublies (ou Vous en oubliez).
9. Oui, j'en ai besoin.
10. Oui, j'en veux (ou Nous en voulons).

Ex. 4
1. Allons au restaurant.
2. Changeons la roue.
3. Arrêtons-nous ici.
4. Prends des tomates.
5. Gonflez les matelas.
6. Allons à la fête.

Ex. 5
Phrases à souligner : Elle y habite.   Ils en viennent.
Nous y déjeunons le lundi.   Je n'y travaille plus.
1. Et tes vacances ? — J'y pense.
2. Vous avez un piano ? — Oui, et j'en joue.
3. Tu veux du poisson ? — Non, je n'en mange pas.

Ex. 6
1. Oui, prenons-en.   Non, n'en prenons pas.
2. Oui, faites-en.   Non, n'en faites pas.
3. Oui, achètes-en.   Non, n'en achète pas.
4. Oui, prenons-en.   Non, n'en prenons pas.
5. Oui, allons-y.   Non, n'y allons pas.

Ex. 7
a) 2. le cric et la manivelle 3. Moi, j'en ai. 4. il n'y en a
plus 5. Est-ce que vous avez besoin... 6. On y va ?
7. Allons-y. 8. On y pense. 9. Il y a une fête à Roscoff
10. Allez-y.
b) prends à plat matelas d'accord Morlaix

Ex. 8
1. Parce qu'elle est à plat.
2. Elle gonfle les matelas.
3. Il prend la tente dans le coffre.
4. Il reste des cigarettes mais il ne reste plus de bière.
5. Non, il n'y arrive pas.
6. Pour faire des courses.
7. Elles y vont avec la fermière.
8. Parce que la roue arrière est à plat.
9. Elle leur conseille de voir Morlaix, St-Pol et Roscoff, et
   d'aller à la fête à Roscoff.
10. Il y a une fête.

Unité 3, leçon 3

Ex. 1
sont arrivés/se sont arrêtés/ont demandé/ont monté/sont
venus/avons fait/ai donné/sont allés/

Ex. 2
Mardi, il a dîné avec Lucie. Mercredi, il a réparé sa
voiture. Jeudi, il a acheté des chaussures. Vendredi, il a
rangé son bureau. Samedi, il a joué au tennis. Dimanche, il a regardé un match de foot à la télé.

Ex. 3
2. Il a garé sa voiture. 3. Il a acheté du pain. 4. Elle l'a
embrassé. 5. Il a bu. 6. Il a mangé le poulet. 7. Ils ont
monté leur tente sous les arbres. 8. Il a vendu sa moto.

Ex. 4
1. Oui, j'y ai déjeuné. 2. Oui, nous y avons campé.
3. Non, elles n'y sont pas allées. 4. Oui, j'y ai habité.
5. Oui, nous y avons dormi.

Ex. 5
1. Qui a lu « Les Mystères de Paris » ?
2. Où est-ce qu'ils se sont retrouvés ?
3. A qui a-t-elle téléphoné ?
4. Qui est allé au village ?
5. Combien a coûté sa voiture ?
6. A qui as-tu demandé ?
7. D'où ont-ils écrit ?
8. Elle a acheté des côtelettes pour combien de
   personnes ?

9. Avec qui est-il venu ?
10. Qu'est-ce qu'ils ont changé ?

Ex. 6
1. Je veux le revoir. 2. Je veux le voir. 3. Redites-moi
votre nom. 4. Il m'a dit oui. 5. Tu peux en faire ? 6. Je
peux vous en refaire. 7. Est-ce que je peux mettre un
disque ? 8. Je le remets ?

Ex. 7
Alain a garé la voiture à l'entrée de la ville. Anne a
oublié son sac et son appareil photo. Alain et Anne sont
retournés à la voiture. Nous nous sommes retrouvés en
face du café de la Marine. A 17 h, nous avons écouté le
concours de chant. A 18 h, nous avons pris l'apéritif. A
19 h, nous avons regardé le concours de danses. Une
dame de Nice a fait le concours de chant. Elle a chanté
« J'ai pleuré sur tes pas ». A 21 h, nous sommes allés au
Fest Noz sur la place du Port.

Ex. 8
1. Il a garé la voiture à l'entrée de la ville.
2. Il faut retourner à la voiture parce qu'Anne a oublié
   son sac et l'appareil de photo.
3. Alain n'est pas content parce que la voiture est à
   1 km.
4. Programme : à 17 h, concours de chant. A 18 h,
   apéritif avec cidre et crêpes. A 19 h, concours de
   danses bretonnes et de binious. Et à 21 h, Fest Noz sur la
   place du Port.
5. Un biniou, c'est un instrument de musique breton.
6. Elle s'appelle Mme Chevallier.
7. Elle vient de Nice.
8. Elle passe ses vacances à Roscoff.
9. Oui.
10. Avec son mari et ses enfants, elle est allée à la
    plage, elle s'est baignée et elle a visité la région.

Unité 3, leçon 4

Ex. 1
1. Oui. 2. Non. 3. Si. 4. Non. 5. Si. 6. Oui. 7. Non. 8. Si.

Ex. 2
1. Oui, dis-lui de venir (ou dites-lui)
2. Non, parle-lui, toi.
3. Oui, dis-leur merci. (ou Dites-leur merci)
4. Non, dis-leur au revoir, toi.
5. Oui, apporte-moi du café. (ou Apportez-moi du café)

Ex. 3
1. Il est trop petit. 2. Elle est assez grande. 3. Il est trop
vieux. 4. Il n'est pas assez méchant. 5. Il est trop méchant.

Ex. 4
1. Au secours. 2. Fais attention. 3. Aide-moi. 4. Danger
de mort. 5. Attention.

Ex. 5
J' peux vous d'mander un service ? J' cueille mes pom-
mes. Vous n' voulez pas m'aider ? C' n'est pas grave.
Non, non, j' n'ai rien, j' crois, je n' crois pas.

Ex. 6
1. Ils ne dorment plus : ils se réveillent.
2. Ils n'ont pas assez dormi, ils ont encore sommeil.
3. Ils sont allés à la fête à Roscoff.
4. Le fermier leur demande un service.
5. Elle est tombée parce que Luc a lâché l'échelle.
7. Non, le fermier dit « Ça ne fait rien. »

Ex. 7

1. Ils ont encore sommeil parce qu'ils n'ont pas assez dormi.
2. Ils sont allés à la fête.
3. Ils ont dansé, mangé des crêpes, et ils ont bu.
4. Parce qu'il a trop bu.
5. Il leur demande un service.
6. Parce qu'elle monte trop haut.
7. Elle dit à Luc de tenir l'échelle. (« Tiens-lui l'échelle »)
8. Il dit à Luc de lui apporter un panier vide. (« Apporte-moi un panier vide ! »).
9. Luc lâche l'échelle pour aller chercher un panier, et Marie-Claude tombe.
10. Non, Marie-Claude n'a rien.

Unité 3, leçon 5

Ex. 1

Il va boire.   Il va manger.   Elle va fumer (une cigarette).   Il va changer la roue.
Il a bu/ Il a mangé/ Elle a fumé (un paquet de cigarettes)/ Il a changé la roue.

Ex. 2

1. Non, mais je vais les lire. 2. Non, mais je vais le finir.
3. Non, mais je vais en acheter. 4. Non, mais je vais la ranger.

Ex. 3

Fais attention : Tu vas tomber! Mets ta veste : Tu vas avoir froid! Ne mange pas trop : Tu vas être malade (avoir mal au ventre !)

Ex. 4

Avec verbe à l'impératif affirmatif, il se place après le verbe.
Avec verbe à l'impératif négatif, il se place avant le verbe.
1. Oui, je l'aime. Oui, écoutons-le.
2. Oui, je l'ai. Non, ne la prenons pas.
3. Oui, je veux les voir. Oui, appelle-les.
4. Non, je ne l'ai pas. Non, ne l'achète pas.

Ex. 5

au revoir : 2 syllabes — bonne chance : 2 syllabes — tout de suite : 2 syllabes — bon appétit : 4 syllabes.

Ex. 6

1. Non, ils ne sont pas encore partis : ils viennent dire au revoir.
2. Non, ils restent encore en Bretagne.
5. Non, elle est en train de faire des crêpes.
6. Non, les Legall donnent leur adresse aux Suisses.
8. Non, Kenavo veut dire « au revoir ».

Ex. 7

1. Ils viennent voir les Legall pour leur dire au revoir.
2. Ils ont apporté une boîte de chocolats pour les remercier (parce que les Legall ont été gentils avec eux).
3. Ils leur disent d'entrer pour manger des crêpes avec eux.
4. Elle n'est pas contente parce que Luc mange trop vite (ou mange trop de crêpes).
5. Ils boivent du cidre.

Unité 4, leçon 1

Ex. 1
1. — J'ai besoin d'un cric. — Pour quoi faire ? — Pour changer ma roue.

2. — J'ai besoin d'argent. — Pour quoi faire ? — Pour acheter une voiture.
3. — J'ai besoin d'une robe neuve. — Pour quoi faire ? — Pour aller au bal.
4. — J'ai besoin d'une pièce de I.F. — Pour quoi faire ? — Pour téléphoner.
5. — J'ai besoin d'un gros classeur. — Pour quoi faire ? — Pour ranger mes papiers.

Ex. 2

1. Des paniers ? Pour quoi faire ? — Pour mettre mes pommes, parce qu'il y en a beaucoup.
2. De l'eau ? Pour quoi faire ? — Pour mettre dans mon café parce qu'il est trop fort.
3. Une échelle ? Pour quoi faire ? — Pour prendre les dossiers parce qu'ils sont trop haut.
4. Au bureau ? Pour quoi faire ? — Pour voir le directeur, parce que j'ai rendez-vous avec lui pour une augmentation.
5. Chez ta sœur ? Pour quoi faire ? — Pour l'aider, parce qu'elle est malade.

Ex. 3

1. Il vous faudra un taxi pour aller à la gare.
2. Il me faudra de la farine et des œufs pour faire un gâteau.
3. Il te faudra une échelle pour cueillir les pommes.
4. Il me faudra de l'argent pour aller faire les courses.
5. Il leur faudra une tente pour aller faire du camping.

Ex. 4

ligne 2 : tu as gagné/tu gagnes/tu vas gagner/tu gagneras.
ligne 3 : elle est sortie/elle vient de sortir/elle va sortir/elle sortira.
ligne 4 : nous avons joué/nous venons de jouer/nous jouons/nous jouerons.
ligne 5 : vous avez conduit/vous venez de conduire/vous conduisez/vous allez conduire.
ligne 6 : ils ont mangé/ils viennent de manger/ils vont manger/ils mangeront.

Ex. 5

1. Non, je ne dirai pas au revoir.
2. Non, je n'en referai pas.
3. Non, je ne la payerai pas.
4. Non, je ne te le donnerai pas.
5. Non, je ne l'aiderai pas.

Ex. 6

1. Nous n'irons pas demain. 2. Elle ne les fera pas demain. 3. On n'en achètera pas demain. 4. Ils n'iront pas demain. 5. Vous ne la regarderez pas demain.

Ex. 7

1. Est-ce que nous le verrons demain ?
2. Est-ce que tu la rangeras demain ?
3. Est-ce que nous la visiterons demain ?
4. Est-ce qu'elle la prendra demain ?
5. Est-ce que tu en auras besoin demain ?
6. Est-ce qu'ils le finiront demain ?

Ex. 8

M. Richaud est représentant ; il gagne 10 000 F par mois. Il travaille dans la région parisienne. L'an prochain, il sera directeur commercial ; il gagnera 12 000 F par mois ; il travaillera à Orléans.
Mme Dupuy est vendeuse ; elle gagne 3 800 F par mois. Elle travaille au Magasin Monoprix à Reims. L'an prochain, elle sera vendeuse chef ; elle gagnera 4 700 F par mois. Elle travaillera au Magasin Monoprix à Troyes.

Ex. 9

1. A sept ou huit km. 2. Et on habitera où ? 3. Eh bien, pour aller à la fac. 4. Et moi un vélomoteur, pour aller au lycée. 5. Mais Maman, on en aura besoin. 6. ... nous conduire au lycée et à la fac. 7. Il a raison.

Ex. 10

Mots masculins : le coffre, l'essuie-glaces, le guide, le musée, le phare, le cidre, le coude, le foie, le service, le cadre, le chômage, le salaire.

Mots féminins : l'église, la fête, la manivelle, la plage, la voiture, la crêpe, l'épaule, la douche, la tête, l'usine, la farine.

Ex. 11

1. Ils seront dans la banlieue de Montpellier, à Castelnau.
2. Parce qu'ici, ils sont bien, avec leurs copains.
3. Parce qu'IBM envoie M. Pellicier à l'usine de la Pompignane.
4. Il sera ingénieur en chef.
5. Elle sera documentaliste.
6. Oui, il y a une fac à Montpellier.
7. A Castelnau, dans la banlieue de Montpellier.
8. Parce qu'ils habiteront loin de la fac.
9. Pour elle, les deux-roues c'est dangereux.
10. M. Pellicier a l'air d'accord.

Unité 4, leçon 2

Ex. 1

1. Il y a une journaliste qui veut vous parler.
2. Demain vous verrez nos amis qui arrivent d'Égypte.
3. J'ai une voiture neuve qui marche très mal.
4. Nous avons une nouvelle secrétaire qui travaille très bien.
5. Dans ma rue, il y a un pâtissier qui fait de très bons gâteaux.

Ex. 2

1. Les campeurs qui n'aiment pas les campings campent dans les champs.
2. Les travailleurs qui habitent en banlieue se lèvent tôt pour aller au travail.
3. Les élèves qui travaillent bien ont de bons résultats.
4. Les enfants qui habitent loin viennent en bus.
5. Les commerçants qui vendent de bons produits ont beaucoup de clients.
6. Les personnes qui font attention n'ont pas d'accidents.
7. Les personnes qui voyagent ont une vie agréable.
8. Les jeunes qui ont 18 ans peuvent voir tous les films.
9. Les enfants qui vont à l'école ne regardent pas la télévision tard le soir.
10. Les Français qui aiment bien manger connaissent les bons restaurants.

Ex. 3

1. C'est elle qui l'a rangé (le salon)?
2. C'est eux qui l'ont appelé (le docteur)?
3. C'est toi qui l'a trouvé (ce restaurant)?
4. C'est lui qui lui a parlé (au concierge)?
5. C'est elles qui l'ont prise (la voiture)?

Ex. 4

2. Il y a quelqu'un qui a bu mon whisky!
3. Il y a quelqu'un qui a pris (volé) ma voiture!
4. Il y a quelqu'un qui a pris (volé) mon chapeau!
5. Il y a quelqu'un qui a mangé le gâteau!

Ex. 5

1. quelqu'un 2. quelqu'un 3. quelque chose 4. quelque chose 5. quelqu'un 6. quelque chose 7. quelqu'un 8. quelqu'un 9. quelque chose 10. quelque chose

Ex. 6

1. Tu peux inviter tous tes amis.
2. Tu peux prendre tout le carbone.
3. Tu peux faire toutes les courses.
4. Tu peux apporter tous tes disques.
5. Tu peux boire toute la bière.

Ex. 7

Dans le Nord, il y aura des nuages. Sur les Alpes et les Pyrénées, il y aura des orages. Dans la région Rhône-Alpes, il y aura du brouillard. Dans le Sud et le Sud-Est, il fera beau (il y aura du beau temps).

Ex. 8

En haut à droite, il y a des nuages. Au milieu, il y a une maison. En bas, à gauche, il y a une tente. En bas de gauche à droite, il y a une route. A côté de la route, il y a deux arbres. Sur la route, à droite, il y a une voiture. Au-dessus de la voiture, il y a un cheval.   ·

Ex. 9

a) automne   Montpellier   printemps
estomac   doigt   secours
b) 1. Tout en bas 2. Mais c'est à combien de kilomètres? 3. On ira faire du ski. 4. La planche à voile
5. Vous y pensez?

Ex. 10

1. Il y a des prospectus sur Montpellier.
2. C'est l'Office de Tourisme de Montpellier qui l'a envoyée.
3. C'est le prospectus sur « La route des vins ».
4. Au milieu d'une région de vignobles.
5. Il pleut un peu au printemps et en automne.
6. Elles se trouvent en bas sur la carte.
7. On peut s'y baigner, y bronzer et y faire de la planche à voile.
8. On peut y faire du cheval.
9. On peut y faire du ski.
10. En hiver, bien sûr.

Unité 4, leçon 3

Ex. 1

1. méchamment 2. dangereusement 3. prudemment 4. gratuitement 5. chaudement 6. gravement 7. gentiment 8. gaiement 9. immédiatement 10. exactement.

Ex. 2

1. Vous la trouverez difficilement.
2. Elle vous aidera gentiment.
3. Il vous parlera méchamment.
4. Elle vous conduira prudemment.
5. Vous le ferez facilement.

Ex. 3

1. C'est un disque que j'écoute tout le temps.
2. Ce sont des gens que je déteste.
3. C'est un pull que j'ai fait la semaine dernière.
4. C'est un garçon que j'ai connu hier soir.
5. C'est un livre que je suis en train de lire.

Ex. 4

1. Ce disque, c'est le disque que je cherche.
2. Cette maison, c'est la maison que je veux.
3. Ces cigarettes, ce sont les cigarettes que je fume.
4. Ce journal, c'est le journal que je lis.
5. Ce whisky, c'est le whisky que je bois.
6. Ce pianiste, c'est le pianiste que je connais.
7. Ce bus, c'est le bus que je prends.
8. Cette voiture, c'est la voiture que je conduis.

Ex. 5

1. C'est la fille que je connais.
2. C'est le stylo que je veux.
3. C'est le chien que je préfère.
4. C'est la télévision que je déteste.
5. C'est le tennis que je regarde.
6. Ce sont les bières que je paye.
7. C'est la moto que je vends.
8. C'est le journal que je lis.

Ex. 6

1. quelque chose qu'on boit... 2. quelqu'un qui... 3. quelque chose qu'on gonfle. 4. quelque chose qu'on mange... 5. quelqu'un qui... 6. quelqu'un qui... 7. quelqu'un qui... 8. quelque chose qu'on donne... 9. quelque chose qu'on achète...

Ex. 7

[ɔ] logement, commercial, raisonnable, désolé
[o] Talbot, lavabo, trop, studio

Ex. 8

1. Ils sont à Montpellier pour y chercher un logement.
2. Ils veulent une villa avec trois chambres, et pas trop chère.
3. En ce moment, ils sont avec Mme Talbot.
4. C'est la dame qui dirige l'agence Immo-34.
5. Ils visitent des villas.
6. Elle a un grand séjour, une cuisine et une chambre au rez-de-chaussée et deux chambres et une salle de bain à l'étage.
7. Non, parce qu'on peut facilement garer la voiture dans le jardin.
8. Oui, parce que les locataires arrivent.

Unité 4, leçon 4

Ex. 1

1. C'est le leur. 2. C'est le mien. 3. Ce ne sont pas les miennes. 4. Ce sont les siennes. 5. Ce sont les leurs.

Ex. 2

1. Anne a oublié le sien. 2. Ils ont pris la leur. 3. Vous monterez la vôtre près de la rivière. 4. Nos enfants ont la leur. 5. Nous viendrons avec les nôtres. 6. Toi, tu gonfles le tien. 7. Tu m'as acheté les miennes ? 8. Dépêchez-vous de manger les vôtres. 9. Où ont-ils passé les leurs ? 10. Est-ce que vous voulez la nôtre ?

Ex. 3

1. Très. 2. Très. 3. Beaucoup. 4. Très. 5. Beaucoup.

Ex. 4

1. Les pommes font 2 F de moins que les oranges. (coûter)
2. M. Pellicier fait 14 kg de plus que Mme Pellicier. (peser)
3. Les deux lits font 140 cm. (mesurer)

Ex. 5

1. C'est faux : la R.F.A. est plus petite. Elle a 53 000 km² de moins que l'Italie.
2. C'est faux : l'Espagne est plus petite que la France. Elle fait 46 000 km² de moins.
3. C'est faux : elle a plus d'habitants que la Suisse. Elle a 3,7 millions d'habitants de plus.
4. C'est faux : elle a moins d'habitants que l'Italie. Elle a 20 millions d'habitants de moins.

Ex. 6

[ɛ̃] jardin, plein, intérieur, installent, en train
[ɑ̃] parents, commencent, ranger, enfants

Ex. 7

1. Non. Le camion est presque vide.
2. Non. Il n'est pas d'accord.
3. Le placard de Virginie est trop petit, et elle a beaucoup de vêtements.
4. La chambre blanche a un lavabo. La bleue n'en a pas.

Ex. 8

1. Ils sont en train d'emménager.
2. Les déménageurs installent les meubles. Les parents commencent à ranger, et les enfants sont en train de se disputer.
3. Ils se disputent pour une chambre.
4. La chambre blanche est aussi grande que la bleue mais son placard est plus grand.
La chambre bleue a un placard plus petit.
5. Elle veut l'autre chambre parce que son placard est trop petit et qu'elle a beaucoup de vêtements.
6. Gérard préfère la sienne parce qu'elle a un lavabo dans le placard.
7. Elle leur demande de rentrer les cartons et les caisses.
8. Parce qu'ils sont moins lourds que les caisses.
9. Parce que le couloir est trop étroit. (Ou parce qu'elle est plus large que le couloir.)
10. Il y a des verres.

Unité 4, leçon 5

Ex. 1

où/que/qui/que/que/où/que

Ex. 2

1. pas encore. 2. pas encore/bientôt. 3. pas encore/presque. 4. déjà

Ex. 3

bon/bien/le mieux/bon/le meilleur/mieux/meilleur

Ex. 4

1. Le pays qui est le plus grand, c'est la France.
2. Le pays qui est le plus petit, c'est la Belgique.
3. Le pays qui a le plus d'habitants, c'est la R.F.A.
4. Le pays qui a le moins d'habitants, c'est la Suisse.

Ex. 5

1. Parce que c'est la région la plus belle.
2. Parce que c'est la moto la plus rapide.
3. Parce que c'est le restaurant le meilleur.
4. Parce que c'est l'école la meilleure.
5. Parce que c'est la saison la plus calme.
6. Parce que c'est la route la plus dangereuse.

Ex. 6

nourriture : délicieux, meilleur, excellent
paysages : magnifique, extraordinaire, merveilleux
gens : sympathiques
adjectif commun : extraordinaire

Ex. 7

1. Non. Ce sont les Pellicier qui ont invité des voisins et des amis.
2. Non. C'est un mouton qu'on fait cuire au-dessus d'un feu de bois.
3. Non. Il y a aussi des voisins.

Ex. 8

1. Ils reçoivent des voisins et des amis.
2. Ils vont manger un méchoui.
3. C'est un mouton qui cuit au-dessus d'un feu de bois (qu'on fait cuire).
4. Oui, ils sont contents. Ils sont très bien dans le Midi.
5. Oui, beaucoup mieux.
6. Parce qu'il fait beau tout le temps, parce qu'ils ont une belle villa et des voisins sympathiques.
7. Parce que c'est un endroit magnifique où il faut absolument aller.
8. On peut y aller par Alès : c'est la route la plus rapide. Mais on peut aussi passer par Ganges.
9. La route de Ganges est plus intéressante, avec la Grotte des Demoiselles. C'est mieux.
10. promenades magnifiques/un endroit où il faut absolument aller/un endroit extraordinaire/la route est merveilleuse/c'est une région où on mange bien/il y a de bons petits restaurants.